朱伟 主编

U0121848

朱伟恋词

十天闪记

词根词缀串记考研核心重点词 ◄

人民邮电出版社

北京

图书在版编目（CIP）数据

十天闪记 ： 词根词缀串记考研核心重点词 / 朱伟主编. -- 北京 ： 人民邮电出版社，2022.12
ISBN 978-7-115-60575-7

Ⅰ．①十… Ⅱ．①朱… Ⅲ．①英语－词汇－研究生－入学考试－自学参考资料 Ⅳ．①H319.34

中国版本图书馆CIP数据核字(2022)第226047号

内 容 提 要

本书为考研英语词汇学习用书。书中详细介绍词根词缀以及单词构成的三大原则，再以前缀为主线，拓展出词根，串联讲解考研必备核心词汇。本书中将所有单词学习规划成 10 天的学习单元，对主线词、拓展词根以及核心词汇进行分类串联讲解，逻辑清晰易懂，可大幅提高学生的背词效率。本书配套朱伟老师视频课程，为学生提供详细讲解。

本书适合备考考研英语（一）和英语（二）的学生学习使用。

◆ 主　编　朱　伟
　　责任编辑　孙魏然
　　责任印制　马振武

◆ 人民邮电出版社出版发行　　北京市丰台区成寿寺路 11 号
　邮编　100164　电子邮件　315@ptpress.com.cn
　网址　http://www.ptpress.com.cn
　大厂回族自治县聚鑫印刷有限责任公司印刷

◆ 开本：880×1230　1/32
　印张：5.625　　　　　　　2022 年 12 月第 1 版
　字数：240 千字　　　　　　2022 年 12 月河北第 1 次印刷

定价：49.90 元

读者服务热线：(010)81055532　印装质量热线：(010)81055316
反盗版热线：(010)81055315
广告经营许可证：京东市监广登字 20170147 号

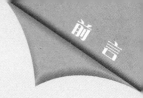

词汇课，我讲了十年。很多同学听着我的词汇课欣喜上岸，有些同学失败了却还未放弃，也有一些同学吐槽我讲课拓展多，课程长。我还是那句话，一本书往往是先读厚，才能读薄。此刻你觉得用不上的拓展，将来一定会在某一时刻帮助你。现在你打开这本书听课和背单词，是为了一个、两个或者若干个十天后不再需要去背就能够认识单词。

听过恋词课的同学们应该知道，我课上讲了很多词根词缀的内容，一方面是因为掌握英语的词根词缀能帮助大家理解单词，提高背词效率；另一方面是因为词根词缀往往能够帮助大家理解文章，提高理解文章的效率。背单词的目的是能读懂文章，在考研这件事上背单词的目的更直接，就是能做对题，并且尽可能快地做对题。很多题目的线索，往往隐藏在词根词缀当中，比如动作的方向、逻辑，再比如感情色彩。

本书以我在线下饱受好评的词根词缀串讲课为基础，将20课时中的1500多个单词整理出来呈现给大家。这些词，不仅是难点词，更是重点词和核心词。现在很多词汇书强调高频，其实这跟我们汉字的高频一样，常用词的频率肯定是最高的。而这类词往往是难度较低的词，不一定是考查点，即便是考点，考查的也多为其生僻义。考研词汇的重点词，与高频词并不完全重合。本书中呈现的正是考研词汇的难点词和核心词。当然，考研所有的高频单词都在附录里给大家列出来了，大家可以自行翻阅，作为对平时背词效果的检验。

这本书大家用起来肯定会效率很高，但我不得不给大家泼一下凉水：真正有效的方法往往都是最笨的方法，几天搞定几千个单词不符合人性，也不是我做这本书的初衷。希望大家可以借由这本书掌握单词的学习技巧，脚踏实地地学习。这本书绝对是所有单词书的好"搭档"，大家可以搭配任何一本词汇书，哪怕不是恋词系列的，也可以。

朱伟

目 录

CONTENTS

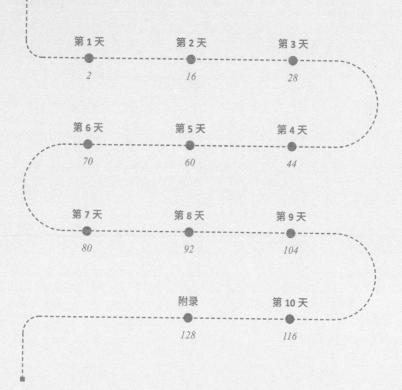

英语单词不是由 26 个字母随意组合而成的，其构词是有规律可循的。掌握构词规律，既能使我们记单词更加高效，事半功倍，还能帮助我们猜测生词含义。

一般来说，单词由三部分组成：前缀（prefix）、词根（root）和后缀（suffix）。词根词缀与汉字的偏旁部首相似，词根是英文单词的核心，决定单词的意义。前缀是位于词根前面的部分，决定单词的情感和"方向"。后缀又名"词尾"，是位于词根后面的部分，决定单词的词性。词根可以单独构成一个单词，也能与前缀、后缀一起组合成单词。

前缀 prefix（情感 + 方向）

📍 sup-表示"向上"

supergirl ['sju:pəgɜ:l] *n.* 女超人；超级女孩

superboy ['sju:pəbɔi] *n.* 超级小子；喷气机驾驶员

superman ['su:pəmæn] *n.* 超人

📍 hyp- 表示"向下"

hypnosis [hɪp'nəʊsɪs] *n.* 催眠

hypocrisy [hɪ'pɒkrəsi] *n.* 虚伪

拓 critical *adj.* 批判的；极其重要的

　　criticize *v.* 批评

📍 post- 表示"往后"

postpone [pə'spəʊn] *v.* 延迟

搭 postpone this meeting/class 推迟这次会议/课

post-90s 90后

post-graduate [pəʊst'grædjuɪt] *n.* 研究生

拓 graduate *n.* 毕业生

post-doctor [pəʊst'dɒktə(r)] *n.* 博士后

📍 pre- 表示"往前"

prepaid [ˌpri:'peɪd] *adj.* 已支付的；先付的

preterm [ˌpri:'tɜ:m] *adj.* （婴儿）早产的

predetermine [ˌpri:dɪ'tɜ:mɪn] *v.* 预先决定

📍 mal-表示"不好，不良"

malice ['mælɪs] *n.* 恶意

malicious [mə'lɪʃəs] *adj.* 恶意的；恶毒的

搭 be malicious to 对……有恶意的

critical ['krɪtɪkl] *adj.* 批判的；极其重要的

反 uncritical *adj.* 无批判力的；不加批判的

真 critical thinking 批判性思维

postpone [pə'spəʊn] *v.* 延迟

近 delay *v.* 耽搁；延期

搭 postpone to 延期到，改到

determine [dɪ'tɜːmɪn] *v.* 决定；查明，确定

搭 determine to do sth. 决定做某事

真 People should try to <u>determine</u> its purposes. 人们应该努力确定它的目的。

malicious [mə'lɪʃəs] *adj.* 恶意的；恶毒的

搭 malicious damage 蓄意损害所造成的损失

派 maliciously *adv.* 有敌意地，恶意地 malice *n.* 恶意；怨恨；预谋

第 ① 天

pre- 表示"往前"

preschool ['priːskuːl] *adj.* 未满学龄的；入学前的

prewar ['priː'wɔː] *adj.* 战前的

self-test

1. 识记小测试 在认识的单词前打钩

☐ supergirl   ☐ superboy   ☐ superman   ☐ hypnosis

☐ preterm   ☐ malice

2. 单词连连看 把单词和对应的英文释义配对

| hypocrisy |

Ⓐ to decide sth. in advance so that it does not happen by chance

| predetermine |

Ⓑ behaviour in which sb. pretends to have moral standards or opinions that they do not actually have

3. 超级补漏王 根据提示，补写横线上的内容

v. 延迟 _____   *n.* 研究生 _____   post-90s _____   prepaid _____

对……有恶意的 be _____

词根 root（本源）

♀ star ①表示"天文" star=astr, aster, astro

astronaut ['æstrənɔːt] *n.* 宇航员

astronomy [əˈstrɒnəmi] *n.* 天文学

♀ star ②表示"运势"

star [stɑːr] *n.* 运势，运气

例 Thanks for my star. 谢天谢地。

You can change your destiny, but you can never change your star. 你可以改变自己的命运，但你永远无法改变自己的运势。

disaster [dɪˈzɑːstə(r)] *n.* 灾难

近 **catastrophe** [kəˈtæstrəfi] *n.* 灾难

派 **disastrous** [dɪˈzɑːstrəs] *adj.* 灾难性的

搭 the disastrous outcome 灾难性的后果

拓 income *n.* 收入

源 *cata-下面 + strophe 转*

cataclysm ['kætəklɪzəm] *n.* 大灾难

catalogue ['kætəlɒg] *n.* 目录

源 *cata - 下面 + logue 说话*

拓 **dialogue** ['daɪəlɔːg] *n.* 对话

♀ sen 表示"老" 辨 sens-表示"思想"

senior ['siːniə(r)] *n.* 较年长的人

seniority [ˌsiːniˈɒrəti] *n.* 资历

拓 productivity *n.* 生产率

senility [səˈnɪləti] *n.* 高龄

sensual ['senʃuəl] *adj.* 感官的

seneschal ['senɪʃəl] *n.* （中世纪贵族的）管家 源 *sen-老迈 + e + scha计划+-al人*

sche-表示"整体的计划"

scheme [skiːm] *n.* 计划

schedule ['ʃedjuːl] *n.* 工作计划；日程安排

拓 skeleton *n.* 骨骼

发音相似，意思也相似
log=loq，表示"说话"
voc=vok，表示"声音"
→拓

catastrophe [kəˈtæstrəfi] *n.* 灾难

派 catastrophic *adj.* 灾难的；悲惨的

搭 catastrophe risk 巨灾风险

senior [ˈsiːniə(r)] *n.* 较年长的人 *adj.* 水平较高的

搭 senior executive 高级主管

真 But senior medical figures want to stop fast-food outlets. 但资深医学人

士希望阻止快餐店。

scheme [skiːm] *n.* 计划

派 scheming *adj.* 惯耍阴谋的，诡计多端的

真 What promoted the chancellor to develop his scheme? 促使财政大臣生成其计划的动因是什么？

第 ❶ 天

❶ dis-=away，表示"分离"

distract [dɪˈstrækt] *v.* 使分心，使转移注意力

dissolve [dɪˈzɒlv] *v.* 解散，解除；消失；（使）溶解

❷ sens表示"思想"

consensus [kənˈsensəs] *n.* 一致看法，

共识

sense [sens] *n.* 感觉；道理，合理性；理智

nonsense [ˈnɒns(ə)ns] *n.* 荒谬的想法（看法），胡说

consent [kənˈsent] *n.* 允许；赞同 *v.* 准许，同意

self-test

1. 识记小测试 在认识的单词前打钩

☐ disaster   ☐ catalogue   ☐ cataclysm   ☐ seniority

☐ senility   ☐ seneschal   ☐ skeleton

2. 单词连连看 把单词和对应的英文释义配对

senior   Ⓐ high in rank or status; higher in rank or status than others

sensual   Ⓑ a plan or system for doing or organizing sth.

scheme   Ⓒ connected with your physical feelings; giving pleasure to your physical senses

3. 超级补漏王 根据提示，补写横线上的内容

n. 宇航员 _____   *n.* 天文学 _____   disastrous _____   catastrophe _____

n. 工作计划；日程安排 _____

后缀（suffix）

> **suf-表示"补充"**
>
> **suffix** ['sʌfɪks] *n.* 后缀
> **sufficient** [sə'fɪʃnt] *adj.* 足够的
> 反 insufficient *adj.* 不充分的
> 搭 a necessary but insufficient reason一个必要但不充分的理由

♀ -ive表示"······性；······力"

sensitive ['sensətɪv] *adj.* 敏感的
productive [prə'dʌktɪv] *adj.* 多产的
preservative [prɪ'zɜːvətɪv] *adj.* 保护的 *n.* 防腐剂
派 preserve *v.* 保护

♀ -ity表示"······性质" 辨 -ion 表示"······物，······人，······地点"（具体）

personality [ˌpɜːsə'næləti] *n.* 性格；个性
productivity [ˌprɒdʌk'tɪvəti] *n.* 生产率
派 produce [prə'djuːs] *v.* 生产
   production [prə'dʌkʃn] *n.* 产量

creation [kri'eɪʃn] *n.*创造物
拓 You are such a special creation. 你就是个"奇葩"。

♀ -ate表示"厚道之人"

classmate ['klɑːsmeɪt] *n.* 同班同学
roommate ['ruːmˌmeɪt] *n.* 室友
mate [meɪt] *n.* 朋友；伙伴
intimate ['ɪntɪmət] *adj.* 亲密的 *n.* 密友
派 intimacy *n.* 亲密
candidate ['kændɪdət] *n.* 候选人

朱伟恋词十天闪记　词根词缀串记考研核心重点词

sensitive ['sensətɪv] *adj.* 敏感的

反 insensitive *adj.* 麻木的；不敏感的

搭 be sensitive to 对……敏感

真 less sensitive to swings in the oil price 对油价波动不太敏感

candidate ['kændɪdət] *n.* 候选人

搭 suitable candidate 合适人选

真 dependent upon the starting age of candidates 取决于候选人的起始年龄

第 ❶ 天

❶ -ive表示"……性；……力"

progressive [prə'gresɪv] *adj.* 进步的，先进的；逐步发展的

attractive [ə'træktɪv] *adj.* 吸引人的，有吸引力的

creative [kri'eɪtɪv] *adj.* 创造性的；有创造力的

❷ -ity表示"……性质"

humanity [hju:'mænəti] *n.* 人类；人性

❸ -ate表示"厚道之人"

advocate ['ædvəkeɪt] *n.* 拥护者，提倡者

delegate ['delɪgət] *n.* 代表；委员会成员

---

self-test

1. 识记小测试 在认识的单词前打钩

☐ suffix ☐ preserve ☐ produce ☐ personality

☐ productivity ☐ intimacy ☐ mate ☐ roommate

2. 单词连连看 把单词和对应的英文释义配对

intimate

sufficient

productive

Ⓐ making goods or growing crops, especially in large quantities; doing or achieving a lot

Ⓑ enough for a particular purpose; as much as you need

Ⓒ having a close and friendly relationship

3. 超级补漏王 根据提示，补写横线上的内容

adj. 不充分的 _____   *adj.* 敏感的 _____   preservative _____

n. 产量 _____   *n.* 候选人 _____

📍 -or/-er表示"主动方的人"

employer [ɪmˈplɔɪə(r)] *n.* 老板

initiative [ɪˈnɪʃətɪv] *n.* 主动性

搭 take initiative in doing sth.=commence doing sth. 采取行动做某事

拓 → **commence** [kəˈmens] *v.* 开始；着手

词 *com* - 一起 + *mence* 人

派 commencement *n.*毕业典礼

拓 It ends today but begins tomorrow. 永无止息。

📍 -ee表示"被动方的人"

employee [ɪmˈplɔɪiː] *n.* 雇员
refugee [ˌrefjuˈdʒiː] *n.* 难民

involution [ˌɪnvəˈluːʃən] *n.* 内卷；衰退，退化
involve [ɪnˈvɒlv] *v.* 使卷入；包括；涉及

搭 be involved in被卷入……中；涉及……

例 Involution, which means being passively involved in a kind of fierce/drastic/ruthless social competition. 内卷，就是被动地参与到一种激烈的社会竞争中。

📍 -ist表示"专家"

physicist [ˈfɪzɪsɪst] *n.* 物理学家
specialist [ˈspeʃəlɪst] *n.* 专家

📍 -al表示"专业人士"

professional [prəˈfeʃənl] *n.* 职业的；专业的

派 semi-professional *adj.*半职业的

📍 -ian表示"在某方面执着并有兴趣的人"

politician [ˌpɒləˈtɪʃn] *n.* 政客

statesmen [ˈsteɪtsmən] *n.* 政治家 —拓→

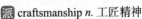

spokesman [ˈspəʊksmən] *n.* 发言人
craftsman [ˈkrɑːftsmən] *n.* 工匠；手艺人

派 craftsmanship *n.* 工匠精神

initiative [ɪˈnɪʃətɪv] *n.* 主动性

[搭] take initiative to do sth. 主动做某事

[真] take <u>initiative</u> and exercise their imagination 发挥<u>主动性</u>并运用他们的想象力

employ [ɪmˈplɔɪ] *v.* 雇用；使用，利用

[搭] in the employ of 受雇于

[真] Eco-friendly materials were <u>employed</u>. 使用了生态友好的材料。

state [steɪt] *n.* 状态；国家；州 *v.* 陈述

[真] a <u>state</u> of peace 和平的<u>状态</u>

    <u>state</u> your position <u>阐述</u>你的立场

第 **❶** 天

❶ -or/-er表示"主动方的人"

spectator [spekˈteɪtə(r)] *n.* 观看者，观众

supervisor [ˈsuːpəvaɪzə(r)] *n.* 监督者；指导教师

❷ -ee表示"被动方的人"

interviewee [ˌɪntəvjuːˈiː] *n.* 参加面试者；接受采访者

trainee [ˌtreɪˈniː] *n.* 接受培训者，实习生，见习生

appointee [əˌpɔɪnˈtiː] *n.* 被任命者；被委任者

❸ -ist表示"专家"

dentist [ˈdentɪst] *n.* 牙科医生

capitalist [ˈkæpɪtəlɪst] *n.* 资本主义者

❹ -al表示"与……有关的"

rival [ˈraɪv(ə)l] *n.* 竞争对手

❺ -ian表示"有……特征的"

historian [hɪˈstɔːriən] *n.* 史学工作者；历史学家

---

self-test

1. 识记小测试 在认识的单词前打钩

□ employer   □ initiative   □ involution   □ commencement

□ physicist   □ politician   □ statesmen   □ spokesman

2. 超级补漏王 根据提示，补写横线上的内容

involve _____   employee _____   employer _____

n. 难民 _____   *n.* 专家 _____   *n.* 职业的；专业的 _____

n. 工匠；手艺人 _____   commence_____

采取行动做某事 _____ = _____

♀ -ard① 表示"燃烧"

billiards [ˈbɪliədz] *n.* 台球 **派** *billi-* 多 + *ard* 燃烧 + *-s*

> **ard 表示"燃烧"**
>
> **ardent** [ˈɑːd(ə)nt] *adj.* 热烈的
> **搭** ardent social competition 激烈的社会竞争

♀ -ard② 表示"贱人"

bastard [ˈbɑːstəd] *n.* 浑蛋
niggard [ˈnɪgəd] *n.* 吝啬鬼
sluggard [ˈslʌgəd] *n.* 懒惰的人
coward [ˈkaʊəd] *n.* 懦夫

♀ larynx- 表示"咽喉"

laryngitis [ˌlærɪnˈdʒaɪtɪs] *n.* 喉炎

♀ hep- 表示"肝"

hepatitis [ˌhepəˈtaɪtɪs] *n.* 肝炎

♀ -pend 表示"悬；挂，附着"

appendicitis [əˌpendəˈsaɪtɪs] *n.* 阑尾炎 **拓** diabetes *n.* 糖尿病
suspend [səˈspend] *v.* 暂停
appendix [əˈpendɪks] *v.* 附录；阑尾

♀ -ia① 表示"通过"

media [ˈmiːdiə] *n.* 媒体
派 medium *n.* 媒体（复数）
aviation [ˌeɪviˈeɪʃn] *n.* 航空

suspend [sə'spend] *v.* 暂停；使暂停使用
派 suspensive *adj.* 暂停的；悬而不决的
　　suspension *n.* 悬浮；暂停；停职

真 a world where logic is suspended and dead people speak 逻辑暂时失效、死人开口说话的世界

---

self-test

1. 识记小测试 在认识的单词前打钩

☐ billiards 　☐ ardent 　☐ bastard 　☐ niggard

☐ sluggard 　☐ coward 　☐ laryngitis 　☐ hepatitis

☐ appendicitis 　☐ appendix

2. 超级补漏王 根据提示，补写横线上的内容

v. 暂停 _____　　　　*n.* 航空 _____

media_____　　　　　　medium_____

Whatever you can do, or dream you can, begin it!

Boldness has genius, power and magic in it.

——William Hutchison Murray

无论你能做什么，或者梦想能做什么，着手开始吧！大胆就是天赋、能量和魔力的代名词。

——威廉·哈奇森·默里

○ -ia ② 表示"重大疾病"

euthanasia [ˌjuːθəˈneɪzɪə] *n.* 安乐死

近 physical-assisted suicide
medically-assisted suicide
mercy killing

hypochondria [ˌhaɪpəˈkɒndrɪə] *n.* 忧郁症 根 *hypo-*向下 + *chronic* 长期的 + *-ia*

> **chron 表示"时间"**
>
> **chronic** [ˈkrɒnɪk] *adj.* 慢性的；长期的；习惯性的
> 搭 chronic disease 慢性病
> 反 acute *adj.* 严重的，急性的

○ phobia 表示"怕"

phobia [ˈfəʊbɪə] *n.* 恐惧（症）

hydrophobia [ˌhaɪdrəˈfəʊbɪə] *n.* 恐水症；狂犬病 根 *hydro*水 + *-phobia* 怕

> **hydra- 表示"与水有关的"**
>
> **hydrant** [ˈhaɪdrənt] *n.* 消防栓；水龙头
> 近 tap *n.*（家用）水龙头

claustrophobia [ˌklɒstrəˈfəʊbɪə] *n.* 幽闭恐惧症

homophobia [ˌhəʊməˈfəʊbɪə] *n.* 同性恋恐惧症 根 *homo-*同，同样 + *-phobia*怕

> **homo- 表示"同，同样"**
>
> **homogeneous** [ˌhɒməˈdʒiːnɪəs] *adj.* 同种类的，同性质的；同形态的
> **homogenise** [həˈmɒdʒənaɪz] *v.* 使相同，使雷同

词根词缀变化原则

○ 原则一：顺序改变，意思不变

主要改变的是元音字母的位置，如：mature = mateur, 表示"成熟的"

mature [məˈtʃʊə(r)] *adj.* 成熟的，理智的

amateur [ˈæmətə(r)] *adj.* 非专业的，业余爱好的 *n.* 生手；业余爱好者

mature [mə'tʃʊə(r)] *adj.* 成熟的，理智的

(真) transform a discovery claim into a mature discovery 将一个发现声明转变为一个成熟的发现

amateur ['æmətə(r)] *adj.* 非专业的，业余爱好的　*n.* 生手；业余爱好者

(派) amateurish *adj.* 业余的；不熟练的；外行的

amateurism *n.* 业余性；非职业的作为

(真) Amateurs can compete with professionals in some areas of science. 业余人员可以在某些科学领域与专业人员相匹敌。

assist [ə'sɪst] *v.* 帮助，协助

(搭) assist in 帮助

(真) The Supreme Court strongly opposes physician-assisted suicide. 最高法院强烈反对医助自杀。

(派) assistant *n.* 助理；助手

assistance *n.* 帮助；援助

acute [ə'kjuːt] *adj.* 严重的，危险的；急性的

(派) acutely *adv.* 尖锐地；剧烈地

(真) The EU face an acute crisis in its economic core. 欧盟的经济核心面临严重危机。

第 **❶** 天

❶ hydra- 表示"与水有关的"

hydrogen ['haɪdrədʒən] *n.* 氢；氢气

carbohydrate [ˌkɑːbəʊ'haɪdreɪt] *n.* 碳水化合物

hydroelectric [ˌhaɪdrəʊɪ'lektrɪk] *n.* 水力发电的；水力产生的

❷ homo- 表示"同，同样"

homochromatic [ˌhəʊməʊkrəʊ'mætɪk] *adj.* 单色的，等色的

homocentric [ˌhəʊməʊ'sentrɪk] *adj.* 具同一中心的；同心的

self-test

1. 识记小测试 在认识的单词前打钩

☐ phobia　　　　☐ homogeneous　　　☐ homogenise

☐ hydrophobia　　☐ claustrophobia　　☐ homophobia

2. 超级补漏王 根据提示，补写横线上的内容

adj. 成熟的，理智的 ＿＿＿＿＿＿＿

adj. 非专业的 ＿＿＿＿＿＿＿

assist ＿＿＿＿＿＿＿

adj. 慢性的；长期的 ＿＿＿＿＿＿＿

adj. 严重的，急性的 ＿＿＿＿＿＿＿

📍 原则二：元音替换，意思不变

单元音：a, e, i, o, u。

要特别注意y，它作为半元音，在单词中读音常常同i。

把元音进行替换，如：

sym-, sem-, sim-=same, 表示"相称"

symmetry ['sɪmətri] *n.* 对称（性）；相似，相等 🈴 *sym-* + *metry*测量

派 symmetric *adj.* 对称的

asymmetry [ˌeɪ'sɪmətri] *n.* 不对称

搭 be in asymmetry with... 与……不匹配

asymmetric [ˌeɪsɪ'metrɪk] *adj.* 不对称的；不对等的

simulate ['sɪmjuleɪt] *v.* 看上去像；模拟，模仿

resemble [rɪ'zemb(ə)l] *v.* 像，与……相似

> metry=meter，表示"测量"
>
> **thermometer** [θə'mɒmɪtə(r)] *n.* 温度计 🈴 *thermo*热量的；温度的 + *meter*
>
> 拓 thermos *n.*热水瓶

📍 原则三：发音相近，意思相近

loq=log，表示"说话"

dialogue ['daɪəlɒg] *n.* 对话；对白 🈴 *dia*对面 + *logue*

> dia-表示"对面"
>
> **diagnose** ['daɪəgnəʊz] *v.* 诊断（病症）；找出原因

eloquence ['eləkwəns] *n.* 流利的口才，流畅的文笔 🈴 *e-*出来 + *loqu*说话 + *-ence*名词后缀

> e-=ex-=out，表示"出来"

例 Facts speak louder than eloquence. 事实胜于雄辩。

simulate ['sɪmjuleɪt] *v.* 看上去像；模拟，模仿

近 imitate *v.* 模仿；效仿

真 Computers could simulate feelings too. 计算机也可以模拟感觉。

派 simulated *adj.* 模拟的；模仿的
simulation *n.* 仿真；模拟

resemble [rɪ'zemb(ə)l] *v.* 像，与……相似

搭 resemble in 在……方面相似

真 It resembled European society in many ways. 它在许多方面与欧洲社会相似。

派 resemblance *n.* 相似

diagnose ['daɪəgnəʊz] *v.* 诊断（病症）；找出原因

派 diagnostic *adj.* 诊断的；特征的
diagnostician *n.* 诊断专家；诊断医生

搭 diagnose... with... 诊断……患有……

第 ❶ 天

❶ a-表示否定

amoral [ˌeɪ'mɒrəl] *adj.* 不分是非的；不遵守道德准则的

asocial [eɪ'səʊʃəl] *adj.* 不合群的

❷ loq=log，表示"说话"

monologue ['mɒnəlɒg] *n.* （戏剧、电影等）独白

colloquial [kə'ləʊkwɪəl] *adj.* 会话的；口语的

❸ dia-表示"对面"

diagonal [daɪ'ægənl] *n.&adj.* 对角线（的）；斜线（的）

dialectic [ˌdaɪə'lektɪk] *n.* 辩证法

❹ e-=ex-=out，表示"出来"

emerge [i'mɜːdʒ] *v.* 出现，浮现，露出

emigrate ['emɪgreɪt] *v.* 移居国外；移民

evaporate [ɪ'væpəreɪt] *v.* （使）蒸发，挥发；（逐渐）消失

eccentric [ɪk'sentrɪk] *adj.* 古怪的；异乎寻常的

self-test

1. 识记小测试 在认识的单词前打钩

☐ symmetry   ☐ symmetric   ☐ asymmetry   ☐ asymmetric

☐ dialogue   ☐ eloquence

2. 超级补漏王 根据提示，补写横线上的内容

n. 温度计 _____   *v.* 模拟，模仿 _____   *v.* 像，与……相似 _____

diagnose _____

up- 表示"向上"

uphold [ʌp'həʊld] *v.* 支持，维护

近 support *v.* 支持

upsurge ['ʌpsɜːdʒ] *n.* 急剧上升；猛增

近 increase *n./v.* 增加

辨 surge *v.&n.* 上升；激增

uproar ['ʌprɔː(r)] *n.* 吵闹；骚乱

近 noise *n.* 吵闹
riot *n.* 暴乱
disturbance *n.* 干扰；骚乱

up作介词，在词组中表示"穷尽"	介词on在词组中表示"依靠；依托"
hold up 举起；支撑 eat up 吃光 take up 占据（时间，地方）	rely on 依靠，依赖 lean on 依赖；靠在……上 depend on 依靠；依赖；取决于 rest upon 依赖于，取决于

sup-; sus- 表示"向上"

sustain [sə'steɪn] *v.* 维持，保持 析 *sus-*向上 + *tain*抓住，留下

派 **sustainable** [sə'steɪnəb(ə)l] *adj.* （计划、方法、体制）可持续的

近 inexhaustible *adj.* 无穷无尽的

tain=stay=catch抓住，留下

obtain [əb'teɪn] *v.* 获得；得到
搭 obtain one's approval 获得某人的认可
辨 acquire *v.* 获得；学得
detain [dɪ'teɪn] *v.* 拘留；拘禁
maintain [meɪn'teɪn] *v.* 维修；维持；主张
搭 maintain a family 养家糊口；收支平衡
＝ make both ends meet
拓 breadwinner *n.* 持家者；养家糊口的人
派 maintenance *n.* 维护；保养

increase [ɪn'kriːs] *v.* 增长，增大 *n.* 增长量

反 decrease; lessen; drop off 减少

搭 increase by 增加了；上升了
    increase to 增加到；上升到

真 American cars remained the third most popular in the market with a slight increase in market share. 美国车份额有小幅增长，仍然是第三。

take up 占据；拿起；开始从事

真 The position was just taking up too much time, she said. 她说，这个职位太占时间了。

The architect emigrated to the United States before World War II and took up posts at American architecture schools. 这名建筑师在二战之前移民到美国，并曾在美国多个建筑学院任职。

sustain [sə'steɪn] *v.* 维持，保持

真 They'd feel like they were helping sustain the quality of something they believe in. 他们（最忠实的顾客）会感觉像是在帮忙维护自己信赖产品的质量。

第 ② 天

❶ up-表示"向上"

upturn ['ʌptɜːn] *n.* 回升；好转；改善

upgrade [ˌʌp'greɪd] *v.* 升级；提高；改进 *n.* 升级，提升

❷ sup-; sus-=表示"向上"

support [sə'pɔːt] *v.* 支持；拥护；资助 *n.* 鼓励；资助

suppress [sə'pres] *v.* 镇压；封锁；抑制

suppose [sə'pəʊz] *v.* 推断，料想

1. 识记小测试 在认识的单词前打钩

☐ uphold   ☐ upsurge   ☐ uproar   ☐ riot

☐ disturbance   ☐ sustainable   ☐ inexhaustible   ☐ obtain

☐ acquire   ☐ detain   ☐ maintenance

2. 超级补漏王 根据提示，补写横线上的内容

sustain _____   maintain _____

依靠；依赖 _____ = _____ = _____ = _____

占据 _____   eat up _____

养家糊口；收支平衡 _____

sup-; super- 表示"超过；过度"

superficial [ˌsuːpəˈfɪʃ(ə)l] *adj.* 粗浅的，粗略的；（思想）浅薄的

派 *super-* 超过 + *ficial* 面部的

ficial= facial 表示"面部的"

拓 hep表示与肝脏相关
laryng表示与咽喉相关

superior [suːˈpɪəriə(r)] *n.* 上级，上司 *adj.* 更强的；优质的；上级的

派 **superiority** [suːˌpɪəriˈɒrəti] *n.* 优越，优势；优越感
反 inferior *n.* 下属 *adj.* 较差的；低等的；下级的

suf-; sur- 表示"由下而下；超；外"

surfing ['sɜːfɪŋ] *n.* 上网；冲浪

搭 on-line surfing 上网
拓 on-line diving 在线潜水（指在群里不发言的行为）

f开头的单词，均与"飞"相关
flow *v.* 流动；漂流
w开头的单词，均与"水"相关
water *n.* 水

suffice [səˈfaɪs] *v.* 足够，足以 派 *suf-* + （由上）向下 + *fic* 做 + *-e*

搭 suffice to do sth. 足以做某事
真 It suffices to say that... 足以得出以下结论……
反 deficient *adj.* 匮乏的；有缺陷的
   insufficient *adj.* 不充分的，不够重要的

sufficient [səˈfɪʃ(ə)nt] *adj.* 足够的，充足的 派 *suf-* 向下 + *fia* 做 + *-ent* 具有……性质的
派 sufficiency *n.* 足量，充足

根

efficient [ɪˈfɪʃ(ə)nt] *adj.* 生效的，效率高的；能胜任的 派 *ef-* + *fici* 做 + *-ent* 具有……性质的
搭 energy-efficient/saving house 节能型房屋

superior [suːˈpɪəriə(r)] *n.* 上级，上司
adj. 更强的；优质的；上级的

搭 be superior to 优于

真 Certain astrological signs confer superior soccer skills. 某些星座赋予球员高超的足球技能。

inferior [ɪnˈfɪəriə(r)] *n.* 下属 *adj.* 较差的；低等的；下级的

真 They are often inferior to live concerts in quality. 它们的品质通常比现场音乐会差。

第 ❷ 天

❶ sup-; super- 表示"超过；过度"

superpower [ˈsuːpəpauə(r); ˈsjuːpəpauə(r)] *n.* 超级大国；超级强权

superhighway [ˌsuːpəˈhaɪweɪ; ˌsjuːpəˈhaɪweɪ] *n.*（美）超级高速公路（等于 expressway）

supersonic [ˌsuːpəˈsɒnɪk] *adj.* 超音速的

❷ suf-, sur- 表示"上；超；外"

suffer [ˈsʌfə(r)] *v.* 受折磨；经受，遭受（坏事）

surround [səˈraund] *v.* 围绕，环绕；包围

surplus [ˈsɜːpləs] *adj.* 过剩的，多余的 *n.* 过剩，剩余

survive [səˈvaɪv] *v.* 幸存；艰难度过；幸免于难

❸ f开头的单词，均与"飞"相关

fluent [ˈfluːənt] *adj.* 流利的；熟练的

fluid [ˈfluːɪd] *n.* 液体 *adj.* 液体的；易变的，不稳定的

❹ w开头的单词，均与"水"相关

wade [weɪd] *v.* 涉水，蹚水，艰难地行进

weep [wiːp] *v.*（通常因悲伤）哭泣，流泪

waterproof [ˈwɔːtəpruːf] *adj.* 防水的，不透水的

---

self-test

1. 识记小测试 在认识的单词前打钩

☐ superiority ☐ surfing ☐ diving ☐ efficient
☐ deficient ☐ insufficient

2. 超级补漏王 根据提示，补写横线上的内容

adj. 表面的；粗浅的 _____   superior _____
superior【反义词】_____   sufficient _____
suffice _____   节能型房屋 _____
足以得出以下结论 _____

over- ① 表示"重叠，上面"

overlap [ˌəʊvəˈlæp] v. （与……）交叠，叠盖 *over-* + *lap* 大腿

laps表示"滑"

lapse [læps] n. 过失；小错误
collapse [kəˈlæps] v. 倒塌，崩塌；倒下
eclipse [ɪˈklɪps] n. 日食；月食 v. 没落
搭 lunar eclipse 月食
　　solar eclipse 日食

overlook [ˌəʊvəˈlʊk] v. 俯视；忽略，忽视 *over-* + *look* 看

vis表示"看"

log，voc 表示"说话" ← 拓 **supervision** [ˌsuːpəˈvɪʒən] n. 监督

over- ② 表示"过"

over-sensitive [ˌəʊvəˈsensɪtɪv] adj. 过度敏感的

over-insistence [ˌəʊvə ɪnˈsɪstəns] n. 偏执

近 paranoia n. 偏执，多疑 *para-* 在旁 + *noia* 思想

no,not=know 表示"知道"

note [nəʊt] n. 笔记；注释，说明
notable [ˈnəʊtəbəl] adj. 显著的，值得注意的
notorious [nəʊˈtɔːriəs] adj. 臭名昭著的
notice [ˈnəʊtɪs] v. 注意
派 noticeable=obvious adj. 显而易见的

overlook [ˌəʊvəˈlʊk] *v.* 忽视，忽略；俯视

近 ignore; neglect *v.* 忽略

真 Today, widespread social pressure to immediately go to college often causes students to completely overlook the possibility of taking a gap year. 如今，（高中毕业后）即刻升入大学这一普遍的社会压力往往导致学生们完全忽略了还可以选择过间隔年。

supervision[ˌsuːpəˈvɪʒən] *n.* 监督

拓 supervisor *n.* 监督人，管理人
supervise *v.* 监督，管理；指导

真 operate with less human supervision 在更少的人工监控下运行

notable [ˈnəʊtəbəl] *adj.* 显著的；值得注意的

近 obvious; remarkable; marked *adj.* 值得注意的，显著的；著名的

反 unremarkable; insignificant *adj.* 不值得注意的

派 notability *n.* 显著；显要人物

❶ over- ① 表示"重叠，上面"

overleap [ˌəʊvəˈliːp] *v.* 跳过；略去；忽略

overfly [ˌəʊvəˈflaɪ] *v.* 飞越

❷ over- ② 表示"过"

overconfidence [ˌəʊvəˈkɒnfɪdəns] *n.* 自负；过分相信

overuse [ˌəʊvəˈjuːs] *n.* 过度使用 *v.* 把……使用过度

overproduction [ˌəʊvəprəˈdʌkʃn] *n.* 生产

过剩；过度产生

❸ vis表示"看"

visible [ˈvɪzəb(ə)l] *adj.* 看得见的

visual [ˈvɪʒuəl] *adj.* 视觉的，视力的

❹ no,not=know 表示"知道"

denote [dɪˈnəʊt] *v.* 标志，预示；表示，意指

notify [ˈnəʊtɪfaɪ] *v.* 通报，告知；申报

notion [ˈnəʊʃ(ə)n] *n.* 概念，想法

self-test

1. 识记小测试 在认识的单词前打钩

☐ overlap   ☐ lapse   ☐ eclipse   ☐ paranoia

☐ over-insistence   ☐ note   ☐ notice

2. 超级补漏王 根据提示，补写横线上的内容

collapse _____   *v.* 俯视；忽略 _____   over-sensitive _____

n. 监督 _____   overlook _____   notable _____

notorious _____

overwhelm [ˌəʊvəˈwelm] *v.* 淹没　　　　　　　　　w开头的词与水有关

近 drown; sink *v.* 下沉（过程）；沉没（结果）

　　oblivion *n.* 湮没；销声匿迹

例 The flood overwhelmed the whole village. 洪水淹没了整座村庄。

搭 an overwhelming number of... 大量的……

境

immerse [ɪˈmɜːs] *v.* 浸在；埋头做　　析 *im-* 使；进入 + *merse* 沉；浸

搭 be immersed in sth. （人）全
身心投入进……

> mer-表示"美好；合并" merse=merge=吞并
>
> **merger** [ˈmɜːdʒə(r)] *n.* 合并
>
> 搭 Merger and Acquisition（M&A）收购与兼并

submerge [səbˈmɜːdʒ] *v.* 沉浸

搭 be submerged in sth.=be engaged in sth. 全身心投入进某事

saturate [ˈsætʃəreɪt] *v.* 使……浸透；渗透；使……饱和　　析 *satur*足够 + *ate*使……

　　　　　　　　　　　　　　　　　　　　　　　satisfy [ˈsætɪsfaɪ] *v.* 满足

overawe [ˌəʊvəˈrɔː] *v.* 威慑；震慑　　析 *over-* + *awe*敬畏

> **awe** [ɔː] *v.* 敬畏
>
> 派 awful *adj.* 可怕的
>
> 　　awesome *adj.* 极好的

overcome [ˌəʊvəˈkʌm] *v.* 克服；战胜

辨 **conquer** [ˈkɒŋkər] *v.* 征服

朱伟恋词十天闪记
词根词缀串记考研核心重点词

overcome [ˌəuvəˈkʌm] *v.* 克服；战胜
反 surrender; yield *v.* 投降；屈服
真 Washington <u>overcame</u> the strong opposition of his relatives to grant his slaves their freedom in his will. 华盛顿抵挡住了亲属的强烈反对，在遗嘱中给予了他的奴隶自由。

---

self-test

1. 识记小测试 在认识的单词前打钩

□ saturate   □ satisfy   □ overawe   □ awe
□ conquer

2. 超级补漏王 根据提示，补写横线上的内容

overwhelm _____   immerse _____
submerge _____   *v.* 克服；战胜 _____
收购与兼并 _____

The more you know who you are and what you want, the less you let things upset you.

——*Lost in Translation*

你越了解自己以及自己想要的东西，你就越不会被外界困扰。

——《迷失东京》

hyper - 表示 "过"

hypersensitive [haɪpəˈsensətɪv] *adj.* 过度敏感的　拆 *hyper-* + *sensitive* 敏感的

搭 hypersensitive skin 过度敏感的皮肤

hypo-, hyp- 表示 "下，低"

hypocritical [ˌhɪpəˈkrɪtɪk(ə)l] *adj.* 虚伪的
派 hypocrisy *n.* 虚伪
hypothesis [haɪˈpɒθəsɪs] *n.* 假设，前提
搭 under the hypothesis of... 在……的前提下
派 hypothetical *adj.* 假设的，假定的
　　hypothetically *adv.* 假设地，假定地
hypnosis [hɪpˈnəʊsɪs] *n.* 催眠 *adj.* 催眠的
派 hypnotic *n.* 催眠 *adj.* 催眠的
拓 therapist *n.* 治疗师；临床医学专家

hypercritical [ˌhaɪpəˈkrɪtɪk(ə)l] *adj.* 过分苛刻的　拆 *hyper-* + *critic* 批判的 + *-al* ……的

辨 hypocritical *adj.* 虚伪的；伪善的

critic 表示 "批判的"

critic [ˈkrɪtɪk] *n.* 批评者，反对者；批评家 [-ic 表示人]
辨 critique *n.* 评论文章，评论；批评
近 **skeptic** [ˈskeptɪk] *n.* 怀疑论者
　　派 skeptical *adj.* 怀疑的
　　拓 be skeptical of 对……表示怀疑
critical [ˈkrɪtɪk(ə)l] *adj.* 批判的；至关重要的
例 It's critical that... ……是至关重要的。

sensitive ['sensətɪv] *adj.* 过敏的；灵敏的；善解人意的

反 insensitive *adj.* 感觉迟钝的

拓 sensible *adj.* 明智的；明显的；意识到的；通晓事理的
sensor *n.* 传感器

真 The finding shows how <u>sensitive</u> rats are to social cues, even when they come from basic robots. 这一发现表明老鼠对社交信号很敏感，即使这

些信号来自简易的机器鼠。

critical ['krɪtɪk(ə)l] *adj.* 批判的；至关重要的

近 decisive; crucial *adj.* 决定性的；重要的
vital *adj.* 生死攸关的；充满生机的

搭 critical point 临界点

真 at least for the first few <u>critical</u> years 至少在最初关键的几年里

派 criticism *n.* 批评；考证；苛求

❶ hyper- 表示"过"

hyperactive [ˌhaɪpər'æktv] *adj.* 极度活跃的；活动过度的

hypertension [ˌhaɪpə'tenʃ(ə)n] *n.* 高血压；过度紧张

hypercriticism [ˌhaɪpə'krɪtɪsɪzəm] *n.* 苛

评；吹毛求疵

❷ hypo-, hyp-表示"下，低"

hypotension [ˌhaɪpəu'tenʃən] *n.* 低血压，血压过低

hypodermic [ˌhaɪpə'dɜːmɪk] *adj.* 皮下的

hypocrite ['hɪpəkrɪt] *n.* 伪君子，伪善者

self-test

1. 识记小测试 在认识的单词前打钩

☐ hypersensitive   ☐ hypnosis   ☐ skeptic   ☐ therapist
☐ hypercritical

2. 超级补漏王 根据提示，补写横线上的内容

critical _____ *n.* 假设，前提 _____ critic _____
……是至关重要的_____   对……表示怀疑 _____

第 2 天

mal- 表示"不好，不良"

malice ['mælɪs] *n.* 恶意

派 malicious *adj.* 恶意的；恶毒的

搭 be malicious to=be hostile to 对……有敌意

hostility [hɒ'stɪləti] *n.* 敌意
派 hostage ['hɑ:stɪdʒ] *n.* 人质
反 hospitality *n.* 殷勤好客

— 形近 →

hospitalize *v.* 使……住院
拓 be hospitalized by 因……而住院

maltreat [ˌmæl'tri:t] *v.* 虐待

辨 **abuse** [ə'bju:z] *n.* 虐待；滥用

搭 abuse one's authority 滥用某人的权力

mis- 表示"误差"

mistreat [ˌmɪs'tri:t] *v.* 虐待

辨 maltreat *v.* 虐待 [程度到达 "不良"]

mislead [ˌmɪs'li:d] *n.* 误导；使……产生错误想法；将引入歧途
misunderstanding [ˌmɪsʌndə'stændɪŋ] *n.* 误解
misjudgment [ˌmɪs'dʒʌdʒmənt] *n.* 误判；误导

a- 表示"否定"

atheism ['eɪθiɪzəm] *n.* 无神论

派 atheist *n.* 无神论者

anarchy ['ænəki] *n.* 无政府状态；混乱 根 *an-*无 + *arch* 统治 + *-y* 名词词尾

arc, arch 表示"古老，高高在上"

architecture ['ɑ:kɪtektʃər] *n.* 建筑物；建筑学
archaeology [ˌɑ:ki'ɒlədʒi] *n.* 考古学

hostile ['hɒstaɪl] *adj.* 敌对的；强烈反对的

近 adverse; opposed *adj.* 敌对的，敌方的；怀敌意的

反 hospitable *adj.* 热情友好的

搭 be hostile to 对……有敌意

真 Stratford-on-Avon, as we all know, has only one industry — William Shakespeare — but there are two distinctly separate and increasingly hostile branches. 众所周知，埃文河畔的斯特拉特福德镇只有一个产业——威廉·莎士比亚——（其中）却有两个泾渭分明且日益敌对的派别。

mislead [,mɪs'liːd] *n.* 误导；使……产生错误想法；将……引入歧途

近 misdirect; misguide *v.* 误导

真 Ambady suspected that deliberation focused them on vivid but misleading cues. 阿姆巴迪怀疑，深思熟虑使他们专注于生动但具有误导性的线索。

❶ mal-表示"不好，不良"

malnutrition [,mælnju'trɪʃ(ə)n] *n.* 营养不良

malefaction [,mælɪ'fækʃən] *n.* 罪行；犯罪行为

❷ mis- 表示"误差"

misspell [,mɪs'spel] *v.* 拼错

misuse [,mɪs'juːz; ,mɪs'juːs] *v.* 滥用；虐待，不公平对待 *n.* 误用，滥用

misunderstand [,mɪsʌndə'stænd] *v.* 误解，误会

❸ a- 表示"否定"

acentric [eɪ'sentrɪk] *adj.* 离心的；无中心的

apathy ['æpəθi] *n.* 冷淡，无兴趣

asymmetry [,eɪ'sɪmətri] *n.* 不对称

---

self-test

1. 识记小测试 在认识的单词前打钩

☐ malice   ☐ hospitalize   ☐ maltreat   ☐ mistreat
☐ abuse   ☐ misjudgment   ☐ atheism   ☐ anarchy
☐ theism

2. 超级补漏王 根据提示，补写横线上的内容

hostility _____   hospitality _____
n. 误导 _____   *n.* 误解 _____
n. 建筑物 _____   archaeology _____
对……有敌意 be _____ to = be _____ to

第❷天

un- ①表示"否定"

unscrupulous [ʌnˈskruːpjələs] *adj.* 肆无忌惮的；不要脸的；寡廉鲜耻的

反 **scrupulous** *adj.* 一丝不苟的 拆 *scru*拧 + *pul*强迫 + *-ous*表形容词

seru 表示"拧"

screw [skruː] *n.* 螺丝 *v.* 拧紧

搭 screw up=mess up 搞砸

例 You screw up the whole thing! 你把整件事都搞砸了！

拓

scrutinize [ˈskruːtənaɪz] *v.* 仔细审查

派 **scrutiny** [ˈskruːtəni] *n.* 仔细审查

pul, pel 表示"操作，强迫"

manipulate [məˈnɪpjəleɪt] *v.* 操作，操控

搭 manipulate the crypto-currency market 操纵加密货币市场

propel [prəˈpel] *v.* 推动；驱使

派 **propulsion** *n.* 推动力

反 **drag** *n.* 抗力，阻力

unconscious [ʌnˈkɒnʃəs] *adj.* 无意识的

拓 **subconscious** [ˌsʌbˈkɒnʃəs] *n.* 潜意识，下意识 拆 *sub-*向下 + *conscious*有意识的

mit 表示"发送"

transmit [trænzˈmɪt] *n.* 传送，传输

← 根

sub- 表示"向下"

submit [səbˈmɪt] *v.* 提交；呈递；建议

拆 *sub-*由下向上 + *mit* 送，派

subtitle [ˈsʌbˌtaɪtə] *n.* 副标题；字幕

subtle [ˈsʌtəl] *adj.* 隐约的；不易察觉的；微妙的

拆 *sub-* + *t* + *-le*小东西

-le, -let, -et 表示"小"

booklet [ˈbʊklət] *n.* 小册子

triplet [ˈtrɪplət] *n.* 三胞胎之一

propel [prə'pel] *v.* 推动；驱使

近 stimulate; impel; motivate; drive *v.* 推进；驱使

真 Other birds flying in the upwash experience reduced drag, and spend less energy propelling themselves. 其他经历上升气流的飞鸟会受到变弱的阻力影响，这样在推动自身向前飞行的过程中能够消耗较少能量。

submit [səb'mɪt] *v.* 提交；呈递；屈服

近 present; propose; put forward 提出

搭 submit to 屈服于

派 subordinate *n.* 下属 *v.* 使……服从 *adj.* 从属的；次要的

真 A team of researchers working together in the laboratory would submit the results of their research to a journal. 在实验室通力合作的一组研究人员将要把他们的研究成果呈递给一份期刊。

subtle ['sʌtəl] *adj.* 隐约的；不易察觉的；微妙的

近 delicate; sensitive *adj.* 微妙的；脆弱的

反 forthright *adj.* 直截了当的；明确的

第 3 天

❶ mit 表示 "发送"

emit [i'mɪt] *v.* 排放，散发

transmit [trænz'mɪt] *v.* 传输；传递

❷ pul, pel 表示 "操作，强迫"

compel [kəm'pel] *v.* 强迫，迫使

expel [ɪk'spel] *v.* 把……开除；驱逐

repel [rɪ'pel] *v.* 击退，驱逐

❸ sub- 表示 "向下"

submarine [ˌsʌbmə'riːn] *n.* 潜水艇 *adj.* 海面下的

subconscious [ˌsʌb'kɒnʃəs] *adj.* 下意识的 *n.* 潜意识

submissive [səb'mɪsɪv] *adj.* 顺从的，服从的

❹ un- 表示 "否定"

unreal [ˌʌn'rɪəl] *adj.* 不真实的；假的

unfortunate [ʌn'fɔːtʃənət] *adj.* 不幸的；令人遗憾的

uneducated [ʌn'edʒukeɪtɪd] *adj.* 无知的；未受教育的

self-test

1. 识记小测试 在认识的单词前打钩

☐ unscrupulous   ☐ screw   ☐ manipulate   ☐ booklet

☐ triplet

2. 超级补漏王 根据提示，补写横线上的内容

propel _____   *adj.* 无意识的 _____   *n.* 潜意识，下意识 _____

transmit _____   submit _____   subtle _____

搞砸 _____ = _____

unfeasible [ʌnˈfiːzəbəl] *adj.* 难以实现的，行不通的 <u>派</u> *un-* + *feasible* 行得通的

ease表示"轻松，悠闲"

take it easy 别紧张；放松

un- ②表示"打开"

unfold [ʌnˈfəʊld] *v.* 打开；展开

<u>派</u> *un-* + *fold* 文件夹

unveil [ʌnˈveɪl] *v.* 揭幕

<u>派</u> *un-* + *veil* 面纱

unleash [ʌnˈliːʃ] *v.* 释放，解除……的束缚

<u>派</u> *un-* + *leash* 绳索

例 Why do you unleash all of your fuels on me? 为什么把我当出气筒？

under- 表示"在……下"

undergo [ˌʌndəˈɡəʊ] *v.* 经历，经受

辨 experiencen *v./n.* 经历

undertake [ˌʌndəˈteɪk] *v.* 承担；承诺

搭 innovative undertaking = set/build up / run one's own business 创业

unfeasible [ʌn'fiːzəbl] *adj.*不能实现的，行不通的

近 unworkable; impractical *adj.* 难实施的，不可实行的

真 In most of the homeless gardens of New York City the actual cultivation of plants is unfeasible. 在纽约大多数无定所的花园中，种植植物实际是不可行的。

undergo [ˌʌndə'gəʊ] *v.* 经历；经受

辨 undergo：多指经受艰难、痛苦、不愉快或危险的事。

experience：指亲身经受或体验某事。

sustain：指遭受痛苦或承受负担。

真 Consequently, our feelings, thoughts and emotions have undergone a corresponding change. 因此，我们的感觉、思想和情绪都经历了相应的变化。

❶ under- 表示 "在……下"

underground [ˌʌndə'graʊnd] *adj.* 地（面）下的

underline [ˌʌndə'laɪn] *v.* 在……下面画线；强调

❷ un-表示 "打开"

uncover [ʌn'kʌvə(r)] *v.* 揭露，发现；揭开

1. 识记小测试 在认识的单词前打钩

☐ undertake　　　☐ unfeasible　　　☐ unfold　　　☐ veil

☐ unveil　　　　☐ leash　　　　　☐ unleash

2. 超级补漏王 根据提示，补写横线上的内容

take it easy _____　　　undergo _____

创业 _____ = _____ = _____

第 ❸ 天

in- ①表示"在……里面"

inanity [ɪ'nænəti] *n.* 空虚　　　派 *in-*在……里面 + *an* 一个 + *-ity*表名词

va-表示"空"

vanity ['vænəti] *n.* 虚荣
vacant ['veɪkənt] *adj.* 闲置的；未被占用的
派 vacancy *n.* 空处；空位
搭 a vacant parking place 空的停车位

in- ②表示"否定"

invalid [ɪn'vælɪd] *adj.* 无效的；不合法的；无用的
派 **invalidity** [ˌɪnvə'lɪdəti] *n.* 无效，无价值

inconvenient [ˌɪnkən'viːniənt] *adj.* 不方便的　派 *in-* + *con*共同 + *ven*来 + *-ient* 表示形容词

vent 表示"来"

advent ['ædvent] *n.* 到来，出现；来临
例 with the advent of 5G era 随着5G时代的到来
派 adventure [əd'ventʃə(r)] *n.* 冒险

vacant ['veɪkənt] *adj.* 闲置的；未被占用的

近 available; empty; blank *adj.* 空的；空闲的

拓 vacation *n.* 假期

invalid [ɪn'vælɪd] *adj.* 无效的；不合法的；无用的

反 valid; sound *adj.* 健全的；有效的

真 Now the company is suddenly claiming that the 2002 agreement is <u>invalid</u> because of the 2006 legislation. 现在，该公司突然因为2006年法规宣称2002年的协议<u>无效</u>。

第 **3** 天

❶ in- ①表示"在……里面"

indoor ['ɪndɔː(r)] *adj.* 室内的

inland ['ɪnlənd; ɪn'lænd] *adj.* 内陆的，内地的；国内的

inject [ɪn'dʒekt] *v.* 注射；增加

❷ in- ②表示"否定"

incapable [ɪn'keɪpəbl] *adj.* 不能的；不能胜任的

incorrect [ˌɪnkə'rekt] *adj.* 错误的；不适

当的

informal [ɪn'fɔːm(ə)l] *adj.* 不拘礼节的；非正式的

❸ ven 表示"来"

intervene [ˌɪntə'viːn] *v.* 干预，干涉

convention [kən'venʃ(ə)n] *n.* 习俗，惯例；大会，集会；公约，协定

event [ɪ'vent] *n.* 事件，大事；社交场合，既定活动；赛事，比赛项目

---

self-test

1. 识记小测试 在认识的单词前打钩

☐ inanity   ☐ adventure   ☐ invalidity

2. 单词连连看 把单词和对应的英文释义配对

vanity	Ⓐ not legally or officially acceptable
vacant	Ⓑ too much pride in your own appearance, abilities or achievements
invalid	Ⓒ empty; not being used

3. 超级补漏王 根据提示，补写横线上的内容

*adj.*不方便的 _____   随着5G时代的到来 _____

en-/-en 表示"使……""进入……中"

enlighten [ɪnˈlaɪtən] *v.* 启发；开导；阐明

搭 enlighten sb. on sth. 在某方面启发某人

encapsulate [ɪnˈkæpsjəleɪt] *v.* 扼要表述；压缩；概括 根 *en- + cap 容量 + sule + -ate*

cap 表示"容量"

capsule [ˈkæpsjuːl] *n.* 胶囊；密封舱；太空舱
搭 the capsule hotel 胶囊旅馆
capacity [kəˈpæsəti] *n.* 容量，容积；办事能力

encounter [ɪnˈkaʊntər] *v.* 偶遇，遭遇；比赛　　根 *en- + counter 相对*

例 We've encountered some turbulence, please keep your seatbelt fastened. 飞机遇到气流，请系好安全带。

近 come across 偶遇；无意中发现
coincide with 碰巧撞见
根 *co- 共同 + in- 加强意义 + cid 降临/发生 + -e*

incident [ˈɪnsɪdənt] *n.* 事件
搭 the Water-gate Incident 水门事件
coincidence [kəʊˈɪnsɪdəns] *n.* 同时发生；巧合

counter- 表示"反，对立"

counterpart [ˈkaʊntəpɑːt] *n.* 对应的人（或事物）；副本
搭 counterpart cosmos 平行宇宙
counterfeit [ˈkaʊntəfɪt] *adj.* 伪造的；假冒的
根 *counter- 相反，相对 + feit 做，作*

ceit 表示"拿，取，抓"

deceit [dɪˈsiːt] *n.* 欺骗；欺诈（抽象概念）
派 deceive *v.* 欺骗；隐瞒
deception *n.* 欺骗，隐瞒
conceit [kənˈsiːt] *n.* 满足；自负；自大
派 self-conceited *adj.* 自大的，自负的
conceive [kənˈsiːv] *v.* 怀孕；想象，构想
搭 conceive of a new scheme 构思新计划

enlighten [ɪnˈlaɪtən] *v.* 启发；开导；阐明

近 illuminate; inform *n.* 说明；阐明

派 enlightened *adj.* 开明的；文明的；进步的；被启发的

enlightening *adj.* 使人领悟的；有启发作用的

真 They have in common only one thing that they tend to annoy or threaten those who regard themselves as more enlightened. 它们唯一的共同之处就是会激怒或威胁那些自恃更文明进步的人。

capacity [kəˈpæsəti] *n.* 容量，容积；办事能力

近 ability; competence *n.* 能力

真 imaginative capacity 想象力

a boost in the storage capacity of batteries 电池存储容量的提升

coincidence [kəʊˈɪnsɪdəns] *n.* 同时发生；巧合

近 concurrence *n.* 一致；同时发生

拓 coincident *adj.* 一致的；符合的；同时发生的

coincidental *adj.* 巧合的；符合的

coincide *v.* 一致，符合；同时发生

搭 by coincidence 碰巧

真 Koehn pointed out that this new era of corporate vocabulary is very "team"-oriented—and not by coincidence. 克恩指出新时代的这种企业用语具有明显的"团队"导向——而这并非偶然。

第

❸

天

counter- 表示"反，对立"

counteract [ˌkaʊntərˈækt] *v.* 抵制，抵

消，中和

---

self-test

1. 识记小测试 在认识的单词前打钩

☐ encapsulate　　☐ capsule　　☐ incident　　☐ counterpart

☐ deceit　　☐ conceit　　☐ counterfeit

2. 超级补漏王 根据提示，补写横线上的内容

enlighten _____　　　*n.* 容量；能力 _____　　*v.* 偶遇，遭遇 _____

n. 同时发生；巧合 _____ come across _____

怀孕 _____ a baby　　构思新计划 _____ a new scheme

in-=il-=im-=ir- 表示 "不，无"

immune [ɪ'mjuːn] *adj.* 免疫的；不受影响的 词根 *im-*否定 + *mun*公共 + -*e*

搭 be immune to 对……免疫
　diplomatic immunity 外交豁免权

派 immunity [ɪ'mjuːnəti] *n.* 免疫力
　immunology [ˌɪmjuˈnɑːlədʒi] *n.* 免疫学
　immunologist *n.* 免疫学家

辨 **exempt** [ɪgˈzempt] *v.* 免除 *adj.* 受豁免的

拓 exemption from taxation
　= tax-free 免税

mu表示 "双赢"

mutual *adj.*互动的
搭 mutual benefit 相互的利益

---

immortal [ɪ'mɔːt(ə)l] *adj.* 不朽的；永生的 词根 *im-*不，无，非 +*mort* 死 + -*al* 形容词词尾

派 immortality *n.* 永垂不朽
形近 **moral** ['mɔːrəl] *adj.* 道德的 *n.* 道德
　　morale [məˈræl] *n.* 士气

mort 表示 "死"

mortgage ['mɔːgɪdʒ] *n./v.* 抵押
词根 *mort*死亡 + *gage*抵押

---

gage表示 "承诺，抵押"

engage [ɪnˈgeɪdʒ] *v.* 雇用；参加；与……有密切关系
搭 be engaged to sb. 与某人订婚
　be engaged to do sth. 受雇做某事
　=be hired to do sth.
　sb. be engaged in doing sth.
　=engage oneself in… 全身心投入做某事
　=be committed to doing sth.
　=commit oneself to doing sth.
　= dedicate/devote oneself to doing sth.
派 engagement *n.* 婚约

dedicate ['dedɪkeɪt] *v.* 致力于，奉献
commit [kəˈmɪt] *v.*犯（错，罪）
← 拓 —

例 in the name of slavery to commit many horrible acts 以奴役的名义实施了许多可怕的行为

immune [ɪ'mjuːn] *adj.* 免疫的；不受影响的

反 susceptible *adj.* 易受影响的；易动感情的

派 immunity *n.* 免疫力；豁免，免除

搭 the immune system 免疫系统

真 Some Americans fear that immigrants living within the United States remain somehow immune to the nation's assimilative power. 有些美国人担心，居住在美国境内的移民依然以某种方式不受这个国家同化力量的影响。

dedicate ['dedɪkeɪt] *v.* 致力于，献身于

真 a new publication dedicated to the near future 一本致力于研究不久的将来的新出版物

派 dedicated *adj.* 专心致志的；献身的
dedication *n.* 奉献；献身

❶ il-表示"不，无"（用在l之前）
illegal [ɪ'liːg(ə)l] *adj.* 非法的
illogical [ɪ'lɒdʒɪkl] *adj.* 不合逻辑的
illiterate [ɪ'lɪtərət] *adj.* 不识字的

❷ im-表示"不，无"（用在b,m,p之前）
imbalance [ɪm'bæləns] *n.* 不平衡
immaterial [ˌɪmə'tɪəriəl] *adj.* 不重要的；无形的
impartial [ɪm'pɑːʃ(ə)l] *adj.* 公正的；不偏不倚的

❸ ir-表示"不，无"（用在r之前）
irregular [ɪ'regjələ(r)] *adj.* 不定期的；无规律的
irrational [ɪ'ræʃən(ə)l] *adj.* 不理性的
irresistible [ˌɪrɪ'zɪstəb(ə)l] *adj.* 无法抗拒的；极诱人的
irrelevant [ɪ'reləvənt] *adj.* 无关的

1. 识记小测试 在认识的单词前打钩

☐ immunity   ☐ immunology   ☐ immunologist   ☐ mortgage
☐ immortal

2. 超级补漏王 根据提示，补写横线上的内容

对……免疫 ＿＿＿＿＿＿＿   exempt ＿＿＿＿＿

immoral ＿＿＿＿＿   全身心投入做某事 ＿＿＿＿＿＿＿ = ＿＿＿＿＿＿＿

受雇做某事＿＿＿＿＿＿＿   in the name of ＿＿＿＿＿＿＿

v. 犯（错，罪）；承诺；投入 ＿＿＿＿＿

第 ❸ 天

dis- ① 表示"分开"

distribute [dɪ'strɪbjuːt] *v.* 分发；配送；散布 派 **dis-分开 + tribute 给予**

派 distributor *n.* 分销商
distribution *n.* 分发；分销

境

Outlets ['aʊtlets] *n.* 奥特莱斯
（品牌折扣店）
retail ['riːteɪl] *n.* 零售
wholesale ['həʊlseɪl] *n.* 批发
merchant ['mɜːtʃənt] *n.* 商人

tribute ['trɪbjuːt] *n.* 献礼；贡品；赞美
adj. 表演著名乐曲的
搭 tribute band 翻唱乐队
pay tribute to 推崇，赞美
近 **praise** [preɪz] *n.* 赞美，表扬
commend [kə'mend] *v.* 赞扬；推荐
拓 recommend [ˌrekə'mend] *v.* 推荐
contribute [kən'trɪbjuːt] *v.* 贡献；捐助

dis- ② 表示"否定"

dissatisfaction [ˌdɪsˌsætɪs'fækʃn] *n.* 不满意 派 **dis-不 + satis足够 + -faction抽象名词后缀**

sat 表示"足够；饱和"

saturate ['sætʃəreɪt] *v.* 使浸透；使充满；使饱和

discontent [ˌdɪskən'tent] *n.* 不满足 派 **dis- + content满意**

content [kən'tent] *n.* 满足

搭 be contented with 对……满意

dispute [dɪ'spjuːt] *n.* 争论；争议 派 **dis- + put思考 + -e动词词尾**

搭 in dispute 处于争议当中
派 disputable *adj.* 值得争论的
反 indisputable *adj.* 无可争议的

put 表示"思考"

reputation [ˌrepju'teɪʃ(ə)n] *n.* 名誉，名声
近 **fame** [feɪm] *n.* 声誉，名气

distribution [ˌdɪstrɪ'bjuːʃn] *n.* 分发；分销
拓 distribute *v.* 分配；分开
搭 normal distribution 正态分布
contribute [kən'trɪbjuːt] *v.* 贡献；捐助
搭 contribute to 有助于；促成；捐献
派 contribution *n.* 贡献；捐献；投稿
拓 make a contribution to 贡献，出力

recommend [ˌrekə'mend] *v.* 推荐
派 recommendation *n.* 推荐；建议；推荐信
搭 recommend for 推荐
reputation [ˌrepju'teɪʃ(ə)n] *n.* 名誉，名声
搭 have a reputation for 因……而著称

❶ dis- ①表示"分开"
distract [dɪ'strækt] *v.* 使分心，使转移注意力
dissolve [dɪ'zɒlv] *v.* 解散；解除；消失；（使）溶解

❷ dis- ②表示"否定"
dislike [dɪs'laɪk] *v.* 不喜欢，厌恶
disorder [dɪs'ɔːdə(r)] *n.* 混乱；紊乱
disappear [ˌdɪsə'pɪə(r)] *v.* 消失，不见
❸ sat 表示"足够；饱和"
insatiable [ɪn'seɪʃəb(ə)l] *adj.* 无法满足的，贪得无厌的

---

self-test

1. 识记小测试 在认识的单词前打钩

☐ Outlets   ☐ contented   ☐ fame   ☐ wholesale

☐ merchant   ☐ discontent   ☐ retail   ☐ praise

☐ dispute   ☐ indisputable

2. 超级补漏王 根据提示，补写横线上的内容

v. 分发；配送 _____   *v.* 赞扬；推荐 _____

dissatisfaction _____   tribute _____

saturate _____   reputation _____

处于争议当中 _____   对……满意 _____

pay tribute to _____   *n.*名誉，名声 _____

im- ①表示否定

impartial [ɪm'pɑːʃ(ə)l] *adj.* 不偏不倚的

近 **objective** [əb'dʒektɪv] *adj.* 公正的；客观的 *n.* 目标

辨 carefree *adj.* 无忧无虑的；不负责任的
　　indifferent *adj.* 漠不关心的

impact ['ɪmpækt] *n.* 影响；激烈的碰撞

搭 brace for impact 准备迫降

impart [ɪm'pɑːt] *v.* 独家传授；赋予，给予　根 im- + part 分开

拓 **apprentice** [ə'prentɪs] *n.* 学徒，徒弟

> **part** [pɑːt] *v.* 分开，分离；分别
> 搭 part with=leave=depart 离开，分开
> **departure** [dɪ'pɑːtʃə(r)] *n.* 离开，启程
> 辨 department *n.* 部门
> 搭 department store 百货公司；百货商店

impair [ɪm'peə(r)] *v.* 损害，削弱，破坏

imprudent [ɪm'pruːd(ə)nt] *adj.* 轻率的，不小心的

近 careless *adj.* 粗心的

impudent ['ɪmpjədənt] *adj.* 无礼的；鲁莽的；放肆的

近 rude *adj.* 粗鲁的

imprudent [ɪmˈpruːd(ə)nt] *adj.* 轻率的，不小心的

反 prudent *adj.* 谨慎的；慎重的
搭 imprudent action 轻率之举

impartial [ɪmˈpɑːʃ(ə)l] *adj.* 不偏不倚的

近 judicial; fair; just *adj.* 公平的；不偏不倚的
反 biased; partial; unfair *adj.* 不公平的
派 impartiality *n.* 公平；不偏不倚

impact [ˈɪmpækt] *n.* 影响；激烈的碰撞

近 affect; influence; effect *v.* 影响
搭 have an impact on 对于……有影响
真 Mies's signature phrase means that less decoration, properly organized, has more impact than a lot. 密斯的口头禅意思是简约的装饰经过合理的安排会产生比繁复的装饰更强的冲击力。

impart [ɪmˈpɑːt] *v.* 传授；赋予，给予

搭 impart to 传授；告知
　　impart knowledge 传授知识

---

self-test

1. 识记小测试 在认识的单词前打钩

☐ apprentice　　　☐ imprudent　　　☐ indifferent
☐ department　　　☐ carefree

2. 单词连连看 把单词和对应的英文释义配对

| part |

Ⓐ move away from each other

Ⓑ the act of leaving a place

| departure |

3. 超级补漏王 根据提示，补写横线上的内容

n. 影响；激烈的碰撞 _____

impair _____　　　　　　　　brace for impact _____

百货公司 _____

离开，分开 _____ = _____ = _____

im-=imm-=ill-=irr- ②表示否定

immobile [ɪˈməʊbaɪl] *adj.* 不动的；静止的

illegal [ɪˈliːɡ(ə)l] *adj.* （行为表现上）不合法的

illegitimate [ˌɪləˈdʒɪtəmət] *adj.* （资格上）不合法的

搭 legitimate heir 合法继承人

> ### heir 表示"继承"
>
> heir [eə(r)] *n.* 继承人 *v.* 继承
> 辨 successor *n.* 继任者
> 拓 inherit *v.* 继承
> 派 inheritance *n.* 继承物

irreplaceable [ˌɪrɪˈpleɪsəbl] *adj.* 不可取代的

irrational [ɪˈræʃən(ə)l] *adj.* 不合逻辑的；无理的

拓 unreasonable *adj.* 不合理的

illegal [ɪˈliːg(ə)l] *adj.*（行为表现上）不合法的

反 legal *adj.* 合法的；法律要求的

搭 illegal income 非法所得

真 We need to look beyond strict definitions of legal and <u>illegal</u>. 我们需要超越对合法和<u>非法</u>的严格定义。

irrational [ɪˈræʃən(ə)l] *adj.* 不合逻辑的；非理性的

反 rational *adj.* 理性的；明智的

真 Consumers are sometimes <u>irrational</u>. 消费者有时是<u>不理性的</u>。

inherit [ɪnˈherɪt] *v.* 继承

派 inheritor *n.* 后继者；继承人

真 Aristocrats' excessive reliance on <u>inherited</u> wealth 贵族对<u>继承</u>财富的过度依赖

第 ③ 天

---

self-test

1. 识记小测试 在认识的单词前打钩

☐ immobile   ☐ illegitimate   ☐ irreplaceable

☐ inheritance   ☐ irrational   ☐ successor

2. 超级补漏王 根据提示，补写横线上的内容

n. 继承人 *v.* 继承 _____   inherit _____

adj.（行为表现上）不合法的 _____

legitimate heir _____

> The only way to do great work is to love what you do. If you haven't found it yet, keep looking, and don't settle.
>
> ——Steve Jobs
>
> 成就一番事业的唯一途径是热爱自己的事业，如果你还没找到热爱的事业，继续寻找，不要将就。
>
> ——史蒂夫·乔布斯

em- 表示 "在……里面"

embed [ɪm'bed] *v.* 嵌入

搭 be embedded in 嵌入；根植于

embellish [ɪm'belɪʃ] *v.* 美化；装饰 派 *em*-进入，使 + *bell*美丽 =(fine) + *-ish*使

bel表示 "战争"

rebel ['reb(ə)l] *v.* 反抗，反叛
派 rebellion *n.* 叛乱；反抗
拓 betray *v.* 背叛

suppression [sə'preʃ(ə)n] 拓
n. 镇压，压制

embarrass [ɪm'bærəs] *v.* 使尴尬；难堪 派 *em*-使…… + *barr* 栏，障碍 + *-ass*表消极

派 embarrassment *n.* 尴尬
　embarrassing *adj.* 让人尴尬的
搭 an embarrassing situation 让人
　尴尬的情况

①-ass表消极意义

harass [hə'ræs] *v.* 骚扰
派 harassed *adj.* 疲惫焦虑的
　harassment *n.* 骚扰
　搭 sexual harassment 性骚扰
　近 disturbance *n.* 干扰；扰乱

②-ass前和b搭配时表示 "重"

bass [beɪs] *n.* 贝斯；重音
embassy ['embəsi] *n.* 大使馆
ambassador [æm'bæsədə(r)] *n.* 大使
派 *am*-爱 + *bass*重音 + *ador*

am表示 "爱"

amiable ['eɪmiəb(ə)l] *adj.* 和蔼的，有亲和力的

重点强化 ● MORE EMPHASIS

suppression [sə'preʃ(ə)n] *n.* 镇压，压制

近 restraint *n.* 克制；抑制

派 suppressive *adj.* 镇压的；抑制的

搭 fire suppression 灭火

记忆拓展 ● MEMORY EXPANSION

em- 表示"在……里面"

embarrass [ɪm'bærəs] *v.* 尴尬，窘迫；使难堪

embrace [ɪm'breɪs] *v.* 拥抱；包括，涉及；围绕，环绕

self-test

1. 识记小测试 在认识的单词前打钩

☐ embellish ☐ bass ☐ embarrassment

☐ harassment ☐ embassy ☐ disturbance

2. 超级补漏王 根据提示，补写横线上的内容

v. 嵌入_____   *v.* 反抗，反叛 _____

adj. 和蔼的，有亲和力的 _____

embarrass _____   harass _____

ambassador _____   be embedded in _____

第**❹**天

aberrant [ə'berənt] *adj.* 变态的，不正常的 词 *ab*-分离 + *err* 错误 + -*ant*形容词词尾

搭 aberrant manner 不正常的举止

> **err = error 表示 "错误"**
>
> **errant** ['erənt] *adj.* 犯错误的；行为不当的
> 搭 an errant boy 迷途少年
> **errand** ['erənd] *n.* 差事；差使
> 搭 errand boy 跑腿的人
> 拓 wander *v.* （水）蜿蜒曲折；（人）漫游

abolish [ə'bɒlɪʃ] *v.* 废除；废止

搭 abolish laws/regulations/conventions 抛弃法律/惯例/传统

近 **eliminate** [ɪ'lɪmɪneɪt] *v.*淘汰

diminish [dɪ'mɪnɪʃ] *v.* 减少

拓 **extinguish** [ɪk'stɪŋgwɪʃ] *v.* 使熄灭，扑灭

extinct [ɪk'stɪŋkt] *adj.* 灭绝的；（习俗，工作等）消失的

搭 extinct volcano 死火山

派 extinction *n.* 灭绝

quench [kwentʃ] *v.* 扑灭，消灭，毁灭

squeeze [skwiːz] *v.* 压榨

近 exploit *v.* 开发；剥削

abate [ə'beɪt] *v.* 减弱，废掉

convention [kən'venʃn] *n.* 习俗；常规；大会

搭 international convention 国际惯例；国际公约

eliminate [ɪ'lɪmɪneɪt] *v.* 排除；清除；消除

派 elimination *n.* 消除，排除；淘汰

搭 eliminate poverty 消除贫困

真 Because electronic payments are immediate, they eliminate the float for the consumer. 由于电子支付是即时的，

所以它们消除了（纸质支票）给消费者的"浮动期"

exploit [ɪk'splɔɪt] *v.* 剥削，压榨；开发

派 exploitative *adj.* 剥削的，榨取的
    exploiter *n.* 开拓者；剥削者

搭 exploit an advantage 钻空子

真 People are likely to exploit other kinds of natural resources unlimitedly. 人们可能会无限制地开发其他种类的自然资源。

❶ ab-= off 表示"剥离，抽离，分开"

absorb [əb'zɔːb] *v.* 吸收；使全神贯注

❷ err = error 表示"错误"

error ['erə(r)] *n.* 错误，差错

erroneous [ɪ'rəʊniəs] *adj.* 错误的，不正确的

---

self-test

1. 识记小测试 在认识的单词前打钩

☐ aberrant   ☐ errant   ☐ errand   ☐ quench

☐ abate

2. 超级补漏王 根据提示，补写横线上的内容

adj. 灭绝的 _____   *v.* 压榨 _____   extinguish _____

n. 剥削；开发 _____   eliminate _____   *v.* 降低，减少 _____

死火山 _____   abolish regulations _____

abstract ['æbstrækt] *n.* 摘要 *adj.* 抽象的

词 abs-分离 + *tract*拉

反 concrete ['kɑːŋkriːt] *adj.* 具体的
搭 a concrete clue 一条具体的线索

> trace=track=trail *n.* 痕迹，轨迹 *v.* 跟踪
>
> **trailer** ['treɪlər] 预告片

---

abound [ə'baʊnd] *v.* 充满；到处存在 **词** a-离开 + *bound* 边界

搭 abound in 充满
派 abundant *adj.* 大量存在的
搭 be abundant in 富有……

> **bind→ bound**
>
> **bound** [baʊnd] *adj.* 必然的；被限制的 *v.* 跳跃 *n.* 界限
> 搭 be bound up with 与……有强烈关联
> be bound to 有义务的，必须做的
> = be destined to 命中注定的=be doomed to 注定（不好的事）
> 形近 bounce *v./n.* 弹跳

> **oom 表示"消极"**
>
> **doom** [duːm] *n.* 厄运；毁灭
> **gloom** [gluːm] *v.* 变黑暗 *n.* 黑暗；忧郁
> 搭 doom and gloom 凄惨；前景无望

---

di-, de-, dis-=away 表示"向下"

display [dɪ'spleɪ] *v.* 展示，陈列 *n.* 展览

exhibit [ɪg'zɪbɪt] *v.* 存在；展示，展览
派 exhibition *n.* 大型展览会
expose [ɪk'spəʊz] *v.* 暴露；露出；使曝光
派 exposition *n.* 大型博览会

concrete [ˈkɒŋkriːt] *adj.* 确实的，具体的；实在的

派 concretely *adv.* 具体地

搭 in the concrete 实际上，具体地

真 concrete research and understanding 具体研究与认识

expose [ɪkˈspəʊz] *v.* 暴露，露出；使面临

派 exposure *n.* 面临，遭受

真 Men go to war and are <u>exposed</u> to combat stress. 男人上了战场，面临着战斗的压力。

第 ❹ 天

di-, de-, dis-=away, 表示"向下"

depress [dɪˈpres] *v.* 使抑郁，使沮丧；降

低；抑制

1. 识记小测试 在认识的单词前打钩

☐ bind   ☐ abstract   ☐ doom   ☐ gloom

☐ abound   ☐ abundant   ☐ bound   ☐ exhibit

2. 超级补漏王 根据提示，补写横线上的内容

v. 展示，陈列；*n.* 展览 _____   *n.* 边界；界限 _____   expose_____

有义务的，必须做的 _____

be bound up with _____   be doomed to _____

doom and gloom _____   abound in _____

deforest [ˌdiːˈfɒrɪst] *v.* 大面积砍伐森林；人为毁林

派 deforestation *n.* 滥砍滥伐

mudslide [ˈmʌdslaɪd] *n.* 泥石流
landslide [ˈlændslaɪd] *n.* 滑坡，山崩

the crowd of people 人群
abortion [əˈbɔːʃ(ə)n] *n.* 人流；流产；合同解约

dilemma [dɪˈlemə] *n.* 难以抉择，两难境地

搭 be in a dilemma 陷入进退两难的境地

例 I am in a dilemma about whether to study abroad or to pursue knowledge in domestic atmosphere. 出国留学还是在国内的环境下深造，我难以抉择。

dom 表示"家庭的，内部的"

domestic [dəˈmestɪk] *adj.* 家庭的；内部的；国内的

析 *dom* 房子 + *es* + *-tic* 形容词词尾

搭 domestic violence 家庭暴力

domain [dəˈmeɪn] *n.* 领域；领地；管辖范围

dominate [ˈdɒmɪneɪt] *v.* 统治；控制

domesticate [dəˈmestɪkeɪt] *v.* 驯服，驯养

搭 domesticate a lion 驯服狮子
domesticate a dolphin 驯服海豚

析 *domin* 统治 + *-ate* 动词词尾

domin表示"统治"

predominant [prɪˈdɒmɪnənt] *adj.* 占主导地位的；占绝大多数的；显著的

搭 be predominant in 占据

例 Sorry, somebody else has been predominant in my heart. 对不起，有人已经占据了我的内心。

派 predomination *n.* 优势，支配

拓 preoccupied *adj.* 全神贯注的，抢占先机的

搭 be preoccupied with 专心于

例 My heart has yet been preoccupied with somebody else. 对不起，我的心已经被别人占据了。

第 ❹ 天

重点强化 ✎ 　　　　　　　　　　　　　　　MORE EMPHASIS

dominate ['dɒmɪneɪt] *v.* 统治，支配

派 dominant *adj.* 占优势的；显著的

　dominance *n.* 优势；支配地位

搭 dominate the market 欺行霸市

真 The public-sector unions now dominate left-of-centre politics. 公共部门

工会目前主导着中左政治。

domestic [də'mestɪk] *adj.*家庭的；内部的；国内的

近 internal; national *adj.* 国内的

真 catch a domestic flight 搭乘国内航班

记忆拓展 ✎ 　　　　　　　　　　　　　　MEMORY EXPANSION

dom表示"家庭的，内部的"

dome [dəʊm] *n.* 穹顶，圆屋顶

self-test

1. 识记小测试 在认识的单词前打钩

□ deforest　　　□ mudslide　　　□ abortion　　　□ landslide

□ domain　　　□ domesticate

2. 单词连连看 把单词和对应的英文释义配对

　dominate

　domestic

Ⓐ of or inside a particular country; not foreign or international

Ⓑ to control or have a lot of influence over sb./sth., especially in an unpleasant way

3. 超级补漏王 根据提示，补写横线上的内容

家庭暴力 _____

be in a dilemma _____　　　人群 _____

be predominant in _____

of-= op-=ob- 表示 "对立"

offend [əˈfend] *v.* 冒犯，得罪，惹恼 **派** *of-*向下 + *fend* 击退

派 offense *n.* 进攻；冒犯
offensive *adj.* 冒犯的

搭 offensive weapons 攻击性武器

> **fend表示 "击退"**
>
> **defend** [dɪˈfend] *v.* 保护，防卫；为……辩护

offset [ˈɒfset] *v.* 补偿，抵消，弥补 **派** *off* 对立 + *set*安置

例 Raise the price to offset the increasing costs. （通过）涨价来抵消增加的成本。

> **off在短语中表示 "离开"**
>
> **set off** 离开
> set off doing sth.
> = set about doing sth.
> = set out to do sth. 开始做某事
> **take off** 起飞

> **set表示 "安置"**
>
> **outset** *n.* 开始，开端
> **拓** outcome *n.* 结果

op- 表示 "对立；向下"

oppose [əˈpəʊz] *v.* 反对；反抗；抵制 **派** *op-*对立的 + *pose*摆出（姿态）

派 opponent *n.* 反对者
拓 counterpart *n.* 参照对象

> **pose表示 "摆放，摆出"**
>
> pose a threat to sth. 对……造成威胁
> pose a new opinion 指出一个新的观点

oppress [əˈpres] *v.* 压迫 **派** *op-*向下 + *press* 压

派 oppressed *adj.* 被压迫的 *n.* 被压迫者
反 ruler/dominator *n.* 统治者

> **press表示 "压"**
>
> **depression** [dɪˈpreʃn] *n.* 忧郁；经济萧条；凹地
> **例** We can see a lot of depressions on the surface of the moon. 我们能看到月球表面有很多洞。
> **repress** [rɪˈpres] *n.* 压制，克制（尤指感情）；（武力）镇压

outcome [ˈaʊtkʌm] *n.* 结果；效果

搭 learning outcome 学习结果；学习成果

真 require multiple paths and multiple <u>outcomes</u> 需要多种途径和多样结果

oppose [əˈpəʊz] *v.* 反对；反抗；抵制

搭 oppose to 反对

真 It has been <u>opposed</u> by a judge. 该法案遭到了法官的<u>反对</u>。

counterpart [ˈkaʊntəpɑːt] *n.* 职位（或作用）相当的人；对应的事物

近 equivalent *adj.* 等同的，等效的

搭 counterpart fund 对应基金；对等基金

真 Print ad sales still dwarf their online and mobile <u>counterparts</u>. 纸质版广告销售额仍远超网络<u>版</u>和手机<u>版</u>。

❶ of-= op-=ob-表示"对立"

object [əbˈdʒekt] *n.* 物体；目标；宾语 *v.* 反对

objective [əbˈdʒektɪv] *adj.* 客观的 *n.* 目的，目标

❷ op-表示"对立；向下"

opponent [əˈpəʊnənt] *n.* 对手，竞争者；反对者

opposite [ˈɒpəzɪt] *adj.* 截然不同的；相反的

❸ fend表示"击退"

offend [əˈfend] *v.* 得罪，冒犯

❹ off在短语中表示"离开"

get off 下车

❺ press表示"压"

suppress [səˈpres] *v.*（尤指用武力）镇压，压制

---

self-test

1. 识记小测试 在认识的单词前打钩

☐ offend　　　☐ outset　　　☐ offset　　　☐ oppose

☐ press　　　☐ oppress　　　☐ defend

2. 超级补漏王 根据提示，补写横线上的内容

depression ＿＿＿＿＿＿＿　　　repress ＿＿＿＿＿＿＿

对……造成威胁 ＿＿＿＿＿＿＿　　　攻击性武器 ＿＿＿＿＿＿＿

＿＿＿＿＿＿＝＿＿＿＿＿＿ *n.* 统治者　　　set off ＿＿＿＿＿＿＿

take off ＿＿＿＿＿＿＿

ob- 表示"对立；对面"

obstacle ['ɒbstək(ə)l] *n.* 障碍；阻碍；妨碍 词根 *ob*-对面 + *stacle*一捆东西

stace = stack 表示"捆"

stack [stæk] *n.* 捆

搭 a stack of 一堆

stake [steɪk] *n.* 木桩；利害关系；股份

搭 be at stake = be in danger 有风险；处于危险中

拓 stakeholder ['steɪkhəʊldə(r)] *n.* 股东；利害关系人；赌金保管人

painstaking ['peɪnzteɪkɪŋ] *adj.* 艰苦的，痛苦的

搭 make painstaking efforts 付出了艰苦卓绝的努力

oblige [ə'blaɪdʒ] *v.* 压迫，迫使；帮忙

派 obligation *n.* 义务

搭 oblige sb. to do sth. 迫使某人做某事

be obliged to sb. for sth. 感谢某人做某事，（深深）感激某人做某事

例 I am much obliged to you for your kindness in... 我非常感激你……的善意。

obligation [ˌɑːblɪ'ɡeɪʃn] *n.* 义务　　辨 liability [ˌlaɪə'bɪləti] *n.* 责任

liable ['laɪəb(ə)l] *adj.* 有某种倾向的

搭 be liable to 倾向于做某事，易于……

近 be prone to 易于……；有……的倾向

be apt to 倾向于

拓→

subject ['sʌbdʒɪkt] *v.* 使臣服，压服；使经受

搭 be subject(ed) to 受支配；从属于

subject A to B 使A服从于B

apt 表示"易于……的"

aptitude ['æptɪtjuːd] *n.* 智商，天分

例 Your attitude, not your aptitude, determines your altitude.

你的态度，而不是你的天分，决定了你的高度。

objective [əb'dʒektɪv] *adj.* 客观的 *n.* 目的，目标

句 My objective is to do... 我的目的是……

反 subjective [səb'dʒektɪv] *adj.* 主观的

obstacle [ˈɒbstək(ə)l] *n.* 障碍；阻碍；妨碍

搭 psychological obstacle 心理障碍

apt [æpt] *adj.* 恰当的；易于……

搭 be apt at 有……的才能；善于

be apt to do sth. 倾向于做某事

❶ ob-表示"对立；对面"

obstruct [əbˈstrʌkt] *v.* 堵塞；阻碍，妨碍

❷ apt表示"易于……的"

adapt [əˈdæpt] *v.* 适应；使适合；改编

1. 识记小测试 在认识的单词前打钩

☐ obstacle   ☐ stake   ☐ aptitude   ☐ objective   ☐ liable

2. 超级补漏王 根据提示，补写横线上的内容

一堆 _____   受支配；从属于 _____

_____ = _____ = _____倾向于做某事，易于……

be at _____ = be in _____有风险；处于危险中

subject A to B _____

make painstaking efforts _____

oblige sb. to do sth. _____

se ① 表示 "色"

obsessed [əb'sest] *adj.* （对……）着迷的，（受……）困扰的

根 *ob-*对 + *sess*色，盯着看 + *-ed*

se-表示 "色"

seduce [sɪ'djuːs] *v.* 色诱，诱惑

派 seduction *n.* 诱惑

近 temptation *n.* 勾引；诱惑

根 *tempt*尝试，蔑视 + *-ation*表名词

根 *se-*色 + *duce*引

duce表示 "引"

introduce [ˌɪntrə'djuːs] *v.* 介绍，引见；使尝试

produce [prə'djuːs] *v.* 生产；引起；产出

tempt表示 "尝试；蔑视"

tempt [tempt] *v.* 诱惑；怂恿

contempt [kən'tempt] *n.* 轻视，蔑视；忽视

派 contemptible *adj.* 可鄙的，卑劣的

拓

blind date 相亲
reality show 真人秀
"If You Are The One"《非诚勿扰》

搭 be obsessed with 对……感到着迷，被……困扰

例 A lot of girls are obsessed with their weight. 很多女孩都对自己的体重感到困扰。

tempt [tempt] *v.* 诱惑；怂恿

[搭] tempt...into 怂恿……去……；劝诱……去……

[真] Some sites design their agents to tempt job hunters to return. 某些网站设计搜索引擎的目的是吸引求职者回访网站。

contempt [kən'tempt] *n.* 轻视，蔑视；忽视

[近] disrespect *n.* 失礼，无礼

[搭] in contempt of 不顾，不把……放在眼里；藐视

[真] contempt for their old-fashionedness 对他们守旧的蔑视

introduce [ˌɪntrə'djuːs] *v.* 介绍，引见；使尝试

[派] introduction *n.* 采用；介绍

[搭] introduce into 引进

[真] It introduces an effective means of publication. 它采用了一种有效的出版手段。

第 ❹ 天

tempt 表示 "尝试；蔑视"

temptation [temp'teɪʃ(ə)n] *n.* 引诱，诱惑

tempting ['temptɪŋ] *adj.* 诱人的，吸引人的

---

self-test

1. 识记小测试 在认识的单词前打钩

☐ seduction ☐ seduce ☐ temptation ☐ contemptible

2. 单词连连看 把单词和对应的英文释义配对

tempt

contempt

Ⓐ to attract sb. or make sb. want to do or have sth., even if they know it is wrong

Ⓑ the feeling that sb./sth. is without value and deserves no respect at all

3. 超级补漏王 根据提示，补写横线上的内容

对……感到着迷，被……困扰 _____

blind date _____

reality show _____

observe [əb'zɜːv] *v.* 观察

perceive [pə'siːv] *v.* 领悟

近 insight *n.* 了解，洞察力

派 insightful *adj.* 意义深远的 = profound; meaningful

派 **perception** [pə'sepʃ(ə)n] *n.* 领悟力

eclipse [[ɪ'klɪps] *n.* 日/月食；没落 失势 *v.* 遮住……的光，使黯然失色

源 *ec-*向外 + *lipse*留下

搭 a solar eclipse 日食

　 a lunar eclipse 月食

　 be in eclipse 没落

例 His family has been in eclipse. 他的家族没落了。

境

表示"征兆；特征"的单词

symbol ['sɪmb(ə)l] *n.* 象征；征兆；图腾

emblem ['embləm] *n.* 徽章 = a sign of glory

symptom ['sɪmptəm] *n.* 症状；（不好的）征兆

例 Fever is a typical symptom of many diseases. 发热是很多疾病的症状。

sign [saɪn] *n.* 标志；迹象

hallmark ['hɔːlmɑːk] *n.* 特点；（金银制品上标明纯度及制作时间、地点的）印记

characteristic [ˌkærəktə'rɪstɪk] *n.* 特征，特点，特色

---

lap =lapse=-lypse=-lipse表示"大腿"

lapse [læps] *v.* 衰退；逐渐消失 *n.* 瑕疵

apocalypse [ə'pɒkəlɪps] *n.* 天兆，大灾难

搭 the Day of Judgment 审判日，世界末日

elapse [ɪ'læps] *v./n.* 慢慢往下走，慢慢消逝

例 Three years have elapsed since we met with each other last time. 离我们上次碰见已经过去三年了。

拓 Time flies / goes by. 时光飞逝。

collapse [kə'læps] *v.* 崩溃，瓦解；倒塌 *n.* 塌陷

拓 dilapidated *adj.* 破旧的；年久失修的

　 elated *adj.* 得意洋洋的

　 elation *n.* 得意洋洋

　 delight *adj.* 高兴的，愉悦的

　 delightful *adj.* 令人愉快的

朱伟恋词十天闪记
词根词缀串记考研核心重点词

perceive [pəˈsiːv] *v.* 领悟

搭 perceive as 视为；当作

真 Look for cues about how others perceive you. 寻找别人如何看待你的线索。

profound [prəˈfaʊnd] *adj.* 深刻的，极大的；强烈的

派 profoundly *adv.* 深刻地；深深地；极度地

搭 profound impact 深远影响

真 to make up for profound insecurities 为了弥补内心强烈的不安全感

sign [saɪn] *n.* 标志；迹象

派 signal *n.* 信号；暗号

搭 sign for 签收
sign in 签到；注册

真 This encouraging sign also presents challenges. 这一可喜的迹象也带来了挑战。

❶ per- 表示"贯穿，彻底"

permanent [ˈpɜːmənənt] *adj.* 永久的，永恒的

perpetual [pəˈpetʃuəl] *adj.* 长期的，永恒的；连续不断的

persist [pəˈsɪst] *v.* 继续存在，持续；坚持，执意；坚持说，反复说

perspective [pəˈspektɪv] *n.* （观察问题的）视角，观点

❷ 表示"征兆；特征"的单词

indication [ˌɪndɪˈkeɪʃn] *n.* 指示，标示；象征，暗示，迹象

phenomenon [fəˈnɒmɪnən] *n.* 现象

feature [ˈfiːtʃə(r)] *n.* 特点，特征；面貌（特征）；地貌

character [ˈkærəktə(r)] *n.* 性格，品质；特色；人物

self-test

1. 识记小测试 在认识的单词前打钩

☐ eclipse ☐ perception ☐ symbol ☐ emblem
☐ symptom ☐ lapse ☐ sign ☐ apocalypse
☐ elapse ☐ hallmark

2. 超级补漏王 根据提示，补写横线上的内容

v. 观察 _____ perceive _____ characteristic _____
collapse _____ the Day of Judgment _____
日食 _____ 月食 _____ 时光飞逝 _____

anti- 表示"反"

anti-human [ˌæntɪ'hjuːmən] *adj.* 反人类的

搭 anti-human offense 反人类运动

anti-cancer [ˌæntɪ'kænsə] *adj.* 抗癌的

antibody ['æntibɒdi] *n.* [免疫] 抗体

anticipate [æn'tɪsɪpeɪt] *v.* 预期；预料　　拆 anti-反 + cipate拿走

近 expect *v.* 期待；预计；指望

> cipate = take表示"拿走"
>
> **participate** [pɑː'tɪsɪpeɪt] *v.* 参加，参与
> 搭 participate in 参与，参加 = take part in
> **emancipate** [ɪ'mænsɪpeɪt] *v.* 解放，使不受（法律、政治或社会的）束缚
> 近 **liberate** ['lɪbəreɪt] *v.* 解放

counter- 表示"对；假"

counterpart ['kaʊntəpɑːt] *n.* 对应的人（或事物）；（法律文件的）副本

counterbalance ['kaʊntəbæləns] *v.* 抵消 *n.* 平衡力；抗衡力

anticipate [æn'tɪsɪpeɪt] *v.* 预期，预料

搭 anticipated profit 预期利润

真 trying to anticipate every possible accident 试图预测每一个可能的事故

counterbalance ['kaʊntəbæləns] *v.* 抵消

n. 平衡力；抗衡力

近 balance *v.* 使平衡；结算；使相称

真 Schools could be a counterbalance. 学校原本可以成为一种抗衡力。

第 **5** 天

---

self-test

1. 识记小测试 在认识的单词前打钩

☐ emancipate ☐ liberate ☐ liberal ☐ freedom
☐ anti-cancer ☐ counterbalance

2. 超级补漏王 根据提示，补写横线上的内容

n. [免疫] 抗体 _____   participate _____

v. 期望 _____   counterpart _____

expect _____

反人类运动 _____

_____ = _____ 参与；参加

Be thankful for what you have; you'll end up having more. If you concentrate on what you don't have, you will never, ever have enough.

——Oprah Winfrey

要学会对拥有的一切怀有感恩之心。最终你会得到更多。如果你总是对那些没有得到的东西耿耿于怀，那么你永远也不会满足。

——奥普拉·温弗瑞

counterfeit ['kaʊntəfɪt] *adj.* 伪造的

搭 counterfeit currency 假币

拓 cryptocurrency *n.* 加密电子货币

辨 表示"假"的词

fake [feɪk] *adj.* 假的 *n.* 赝品 *v.* 冒充

搭 a fake flower 假花；绢花

copycat ['kɒpɪkæt] *n.* 山寨

false [fɔːls] *adj.* 伪造的；非天生的

搭 a false tooth 假牙

artificial [ɑːtɪ'fɪʃ(ə)l] *adj.* 人工的；人造的

搭 artificial intelligence 人工智能

拓 gizmo *n.* 小发明
　　robot *n.* 机器人
　　automatic *n.* 自动换挡汽车 *adj.* 自动的

根 fa 假 + ke

fa-表示"假的"

fabricate ['fæbrɪkeɪt] *v.* 伪造；制作

fable ['feɪb(ə)l] *v.* 虚构，撒谎；讲寓言 *n.* 寓言；谎言

fancy ['fænsi] *v./n.* 喜欢，想要 *adj.* 时髦的，华丽的

搭 take a fancy to =be fond of 喜欢

拓 fascinate *v.* 深深吸引
　　be fascinated by 被……深深吸引

fantasy ['fæntəsi] *v./n.* 幻想，想象

counterclockwise [ˌkaʊntə'klɒkwaɪz] *adj.* 逆时针的 *adv.* 逆时针地

反 clockwise ['klɑːkwaɪz] *adj.* 顺时针的 *adv.* 顺时针地

例 I've got a counterclockwise life. (I'm in a mess.) 我的生活很不规律。

pri- (地位) = pre- (时间) = pro- (动作) 表示"向前"

primitive ['prɪmətɪv] *adj.* 原始的

近 **herald** ['herəld] *n.* 先驱；预兆 *v.* 预示……的来临

preliminary [prɪ'lɪmɪneri] *adj.* 初步的，预备的

搭 preliminery party member 预备党员

propose [prə'pəʊz] *v.* 提议；求婚 根 *pro-* 向前 + *pose* 放置

pose=put "放置"

dispose [dɪ'spəʊz] *v.* 处置，处理

搭 dispose of =get rid of 处置掉

句 Man proposes, God disposes. 谋事在人，成事在天。

disposable [dɪ'spəʊzəb(ə)l] *adj.* 一次性的；可支配的

搭 disposable plastic bags / chopsticks 一次性塑料袋/筷子

currency ['kʌrənsi] *n.* 通货；货币
搭 currency exchange 货币兑换；外汇兑换
　　foreign currency 外币
真 the discipline of sharing a single currency 共用单一货币这一原则
artificial [ˌɑːtɪ'fɪʃ(ə)l] *adj.* 人工的；人造的
搭 artificial light 人造光

真 from genetically engineered crops to artificial fertilizers 从转基因作物到人工肥料
propose [prə'pəʊz] *v.* 提议；求婚
派 proposal *n.* 提议，建议；求婚
搭 propose a toast 敬酒；举杯
真 It was proposed that the system be changed. 有人提议改变这个系统。

pri- = pre- = pro- 表示"向前"
preposition [ˌprepə'zɪʃ(ə)n] *n.* 介词，前置词
prefix ['priːfɪks] *n.* 前缀

progress ['prəʊgres] *n.* 进步，进展；前进
prospect ['prɒspekt] *n.* 可能性，希望；前景

1. 识记小测试 在认识的单词前打钩

☐ counterfeit　　☐ counterclockwise　☐ copycat　　☐ artificial
☐ fake　　☐ false　　☐ fabricate　　☐ fable
☐ herald　　☐ disposable

2. 超级补漏王 根据提示，补写横线上的内容

v./n. 喜欢，想要 _____　　*v.* 处置，处理 _____　　*v.* 提议；求婚 _____
fantasy _____　　disposable plastic bags / chopsticks _____
_____ of = _____ of 处置掉
假花；绢花 _____　　artificial intelligence _____
_____ = _____ 喜欢

proceed [prə'si:d] *v.* 推进　　　　　　**派** *pro-* + *ceed* 走

搭 proceed with 继续；开始

cede=ced=ceed=cess=gress=ped= -ade=go 行走；前进

例 Before proceeding with the movie, the director has obtained the approval from the victims' families. 在拍这部电影之前，导演已经获得了遇难者家属的同意。

precede [prɪ'si:d] *v.* 先于　　　　　　**派** *pre-* + *cede* 走

搭 precede sb. in doing sth. 先于某人做某事

例 I precede you in pursuing that girl, so you should quit. 我比你先追那个女孩，所以你应该退出。

precedence ['presɪdəns] *n.* 优先权；领先

近 priority *n.* 优先权

派 precedent ['presɪdənt] *n.* 先例

例 This is an unprecedented alternation/variation. 这是一个史无前例的改变。

热点词

碳达峰 the peak of carbon dioxide emission
碳中和 carbon neutrality
低碳生活 the low-carbon lifestyle

alter 表示"改变，改动"

alternation [ˌɔːltər'neɪʃn] *n.* 交替，轮流，间隔
alternative *adj.* 可替代的；非传统的 *n.* 替代物

ver- 表示"反转，颠覆"
vary ['veəri] *v.* （使）不同，（使）呈现差异
派 variable *adj.* 可改变的 *n.* 变量
invariably *adv.* 不变地

拓

表示"永远"的词
forever [fər'evə(r)] *adv.* 永远
permanent ['pɜːmənənt] *adj.* 永恒的，永久的
perpetual [pə'petʃuəl] *adj.* 永久的，长久的
everlasting [ˌevə'lɑːstɪŋ] *adj.* 永恒的，接连不断的

priority [praɪˈɒrəti] *n.* 优先事项；优先权

反 **subsequent** *adj.* 随后的，继……之后的

搭 give priority to 优先考虑；认为优先

真 give <u>priority</u> to childcare outside the home 优先考虑在外面托管孩子

peak [piːk] *n.* 顶峰；高峰

搭 peak value 峰值

真 at the annual <u>peak</u> of soccer mania 在每年足球狂热的巅峰时期

emission [ɪˈmɪʃn] *n.* 发出，射出；排放物

近 release *n.* 释放，排放；解除

真 to perfect the <u>emissions</u>-permit auctions 完善排放许可证拍卖会

alternative [ɔːlˈtɜːnətɪv] *n.* 可供选择的事物，替代物

派 alternatively *adv.* 非此即彼；二者择一地

alternate *v.* 交替；轮流

搭 alternative energy 替代能源；新能源

真 an <u>alternative</u> to the fire-and-hire strategy 解雇和雇佣策略的<u>替代方案</u>

第 **5** 天

---

self-test

1. 识记小测试 在认识的单词前打钩

☐ precedence ☐ precedent ☐ forever ☐ permanent

☐ priority ☐ vary ☐ perpetual ☐ everlasting

2. 超级补漏王 根据提示，补写横线上的内容

v. 推进 _____   *v.* 先于 _____   *v.* 改变，改动_____

proceed with _____

carbon neutrality _____

_____ 先于某人做某事

the low-carbon lifestyle _____

cede, cess 表示"行走；前进"

accede [ək'siːd] *v.* 就职；同意

搭 accede to the throne 继承王位，登基

accede to sth. = agree with sth.= approve of sth. 同意某事

concede [kən'siːd] *v.* 让步；迁就；承认　派 *con-*共同 + *cede*走路

派 concession *n.* （单方面）妥协；租界

搭 concede sth.= admit sth. 承认某事

concede sth. to sb. 赋予，授权 = authorize sth. / authorize sb. to do sth.= entitle sb. to sth.

tolerate ['tɒləreɪt] *v.* 忍受

派 tolerance *n.* 忍受

近 inclusiveness *n.* 包容

generosity *n.* 慷慨

拓 →

exclusive [ɪk'skluːsɪv] *adj.* 排除在外的

派 *ex-*出 + *clus* 关闭 + *-ive*有……性质的

搭 exclusive club 私人会所

compromise ['kɒmprəmaɪz] *n.* （双方）妥协；妥协方案 *v.* 妥协；损害

搭 compromised group/company 调解公司

arbitrator ['ɑːbɪtreɪtə(r)] *n.* 公断人，仲裁人　派 *arbitr*判断 + *at* + *-or*表示人

派 arbitrary *adj.* 武断的，专制的

arbitrate *v.* 调解

拓 lawyer; attorney *n.* 律师

arc 表示"古老，高高在上"

patriarch ['peɪtriɑːk] *n.* 家长，族长

派 paternal *adj.* 父亲的；父系的

paternity *n.* 父亲身份

反 maternity 母亲身份

搭 paternity test 亲子鉴定

compromise [ˈkɒmprəmaɪz] *n.* 妥协；妥协方案 *v.* 妥协；损害

搭 make a compromise 妥协；折衷

真 the moral <u>compromises</u> made by the nation's early leaders 国家早期领导人在道德上做出的妥协

authorize [ˈɔːθəraɪz] *v.* 批准，许可；授权

近 permit *v.* 允许；准许

派 authorization *n.* 授权，认可；批准

真 check suspects' phone contents without being <u>authorized</u> 在未经批准的情况下检查嫌疑人的手机内容

exclusive [ɪkˈskluːsɪv] *adj.* 独有的；排外的；排斥的

派 exclusion *n.* 排除；排斥；驱逐
exclusiveness *n.* 排他性；独占

真 an <u>exclusive</u> study of American history 对美国历史的独家研究

第 5 天

arc 表示"古老，高高在上"

architect [ˈɑːkɪtekt] *n.* 建筑师

architecture [ˈɑːkɪtektʃə(r)] *n.* 建筑学；建筑

monarch [ˈmɒnək] *n.* 君主；帝王

anarchic [ænˈɑːkɪk] *adj.* 无政府主义的

self-test

1. 识记小测试 在认识的单词前打钩

☐ tolerate　　　　☐ arbitrator　　　　☐ patriarch

2. 单词连连看 把单词和对应的英文释义配对

tolerance

paternal

generosity

Ⓐ connected with being a father

Ⓑ the ability to suffer sth., especially pain, difficult conditions, etc.

Ⓒ the fact of being generous

3. 超级补漏王 根据提示，补写横线上的内容

n. 妥协 *v.* 妥协；损害 _____　　　　　*adj.* 排除在外的 _____

_____ = _____ = _____ 同意某事

_____ = _____ = _____ 赋予，授权

access ['ækses] *n.* 入口，使用权；访问 *v.* 进入

搭 access to 进入（*v.*）

give sb. easy access to (*n.*) 使某人容易接触到某物

例 An overwhelming number of free video websites give youngsters easy access to inappropriate information . 大量的免费视频网站让年轻人很容易接触到不良信息。

accessible [ək'sesəb(ə)l] *adj.* 可进入的，可行的，易亲近的

近 easy-going *adj.* 随和的

feasible *adj.* 可进入的，可行的（feasibility *n.* 可行性）

搭 make this architecture（building） accessible（friendly） to the disabled 使这个建筑能够让残疾人进入

accessory [ək'sesəri] *adj.* 附属的 *n.* 从犯，帮凶

搭 auto accessory 汽车配件

近 **complicity** *n.* 共犯，共谋

---

comply [kəm'plaɪ] *v.* 服从，遵从

搭 comply with 遵从，听从

= abide by =obey = conform with/to = subject A to B=be subjected to=defer to

近 obedient [ə'bi:diənt] *adj.* 服从的；顺从的

deferential [ˌdefə'renʃ(ə)l] *adj.* 恭敬的；顺从的（ deference *n.* 顺从）

feasible ['fi:zəb(ə)l] *adj.* 可进入的，可行的

反 unfeasible *adj.* 不可行的，难实现的

搭 feasible suggestions 可行性建议

真 a feasible reading plan 可行的阅读计划

conform [kən'fɔːm] *v.* 遵守，符合；相一致

派 conformity *n.* 遵从，遵守

搭 conform with 符合；与……一致

真 States ought to <u>conform</u> to the federal court in reforming the jury system. 在改革陪审团制度方面，各州应与联邦法院保持一致。

defer [dɪ'fɜː(r)] *v.* 推迟；延缓

派 deference *n.* 尊重；遵从；听从

真 <u>defer</u> vital modernization 推迟至关重要的现代化

第 **5** 天

---

self-test

1. 识记小测试 在认识的单词前打钩

☐ accessory   ☐ obedient   ☐ deferential   ☐ complicity

2. 单词连连看 把单词和对应的英文释义配对

access

accessible

Ⓐ a way of entering or reaching a place

Ⓑ that can be reached, entered, used, seen, etc.

3. 超级补漏王 根据提示，补写横线上的内容

feasible _____

_____ = _____ = _____ = _____

= _____ = _____ = _____ 遵从，听从

> We're all in the gutter, but some of us are looking at the stars.
>
> ——Oscar Wilde
>
> 身在井隅，心向璀璨。
>
> ——奥斯卡·王尔德

-here 表示"粘""继承，遗传"

adhere [əd'hɪə(r)] *v.* 黏附；遵守　*根* *ad-*加强 + *her*黏附 + *-e* 坚持

派 adhesive *adj.* 黏着的，有黏性的 *n.* 强力胶水
adhesion *n.* 黏合（=cohesion）
adherent *n.* 追随者，信徒

搭 the adherent of Buddhism = Buddhist 佛教徒 —拓→

搭 adhere to 粘附，坚持 ——拓→

> **fan** [fæn] *n.* 粉丝；风扇
> *派* fanatical *adj.* 狂热的
> *拓* idealistic *adj.* 理想主义的

> insist on 坚持（temporary/disposable）
> persist in 坚持（chronic/permanent）
> stick to 坚持

coherent [kəʊ'hɪərənt] *adj.* 一贯的，连续的　*根* *co-*共同 + *her*黏附 + *-ent* 具有……性质的

派 cohesion *n.* 凝聚力，团结
反 segregation *n.* 隔离；分离
根 seg分开 + reg + -ation
搭 racial segregation 种族隔离制度

he, her 表示"粘；继承，遗传"

inherit [ɪn'herɪt] *v.* 继承
inheritation [ɪn'herɪtəns] *n.* 继承
heir [eə(r)] *n.* 继承人
heredity [hə'redəti] *n.* 遗传；遗传特征

seg, sec, sep 表示"分"

segregation [ˌsegrɪ'geɪʃn] *n.*隔离，分离
section ['sekʃ(ə)n] *n.* 部分
separate ['seprət] *v.* 分离 *adj.* 单独的，分开的
搭 separate A from B 把A从B中分出来

coherent [kəʊ'hɪərənt] *adj.* 一贯的，连续的

派 coherently *adv.* 连贯地；前后一致地

    coherence *n.* 一致；连贯性；凝聚

反 incoherent *adj.* 语无伦次的；不连贯的

separate ['seprət] *v.* 分离 *adj.* 不同的；分开的

搭 separate...from... 分离；把……和……分开

    separate ways 分别，分道扬镳

真 two distinctly <u>separate</u> and increasingly <u>hostile branches</u> 两个截然不同且日益敌对的分支

第 ❻ 天

❶ he, her 表示"粘；继承，遗传"

heirship ['ɛəʃɪp] *n.* 继承权，继承人的地位

hereditary [hə'redɪtri] *adj.* 遗传的；世袭的

❷ seg, sec, sep 表示"分"

sector ['sektə(r)] *n.*（尤指一国经济的）部门，领域，行业

intersect [ˌɪntə'sekt] *v.* 相交；交叉

segment ['segmənt] *n.* 部分；份；片

self-test

1. 识记小测试 | 在认识的单词前打钩

☐ inherit   ☐ heredity   ☐ segregation   ☐ section

2. 单词连连看 | 把单词和对应的英文释义配对

heir   Ⓐ the act or state of keeping together

cohesion   Ⓑ a person who has the legal right to receive sb.'s property, money or title when that person dies

3. 超级补漏王 | 根据提示，补写横线上的内容

v. 黏附；遵守 _____   coherent _____

n. 粉丝；风扇 _____   division _____

把A从B中分出来 _____

gress 表示"走"

aggress [ə'gres] *v.* 侵略，攻击

派 aggressive *adj.* 好斗的；挑衅的；气势汹汹的

近 **cynical** ['sɪnɪk(ə)l] *adj.* 愤世嫉俗的

　 irony ['aɪrəni] *n.* 讽刺；反语 *adj.* 铁的（ironical *adj.* 讽刺的）

ped 表示"走"

pedestrian [pə'destriən] *n.* 行人 *adj.* 徒步的；呆板的，乏味的

搭 pedestrian street 步行街

境 表示"路"的词

sidewalk ['saɪdwɔːk] *n.* 非机动车道，辅道（→side effect 副作用→by-product 副产品）

pavement ['peɪvmənt] *n.* 人行横道

拓 pave the way for = set the stage for / prepare for 为……铺路；为……作准备

curb [kɜːb] *n.* 路缘，马路牙子；抑制 *v.* 控制

搭 put a curb on (your temper) 控制住（你的脾气）

拓 Curbside Prophet（歌名）草根达人

　 grassroot *n.* 草根

　 cushion ['kʊʃ(ə)n] *n.* 垫子 *v.* 缓冲

encyclopedia [ɪnˌsaɪklə'piːdiə] *n.* 百科全书

aggressive [əˈgresɪv] *adj.* 好斗的；挑衅的；气势汹汹的

派 aggressively *adv.* 侵略地；攻击地

搭 aggressive behavior 攻击行为；侵犯行为

　　aggressive attitude 侵犯态度

真 The most important and aggressive promoter of gambling in America is the government. 在美国，赌博最重要、最气势汹汹的推动者就是政府。

curb [kɜːb] *n.*路缘，马路牙子；抑制 *v.*控制

派 curbing *n.* 边石的材料；路缘石

真 make efforts to curb their impact on labor and the environment 努力控制它们对劳工和环境的影响

❶ gress 表示"走"

congress [ˈkɒŋgres] *n.*（美国及其他一些国家的）国会，议会；代表大会

regress [rɪˈgres] *v.*倒退；回归；退化

transgress [trænzˈgres] *v.*越轨，违背（道德）；违反（法律）

❷ ped 表示"走"

expedition [ˌekspəˈdɪʃn] *n.*探险；考察

impede [ɪmˈpiːd] *v.*阻碍；阻止

expedient [ɪkˈspiːdiənt] *n.*权宜之计；应急办法；*adj.*权宜的；方便的

---

self-test

1. 识记小测试 在认识的单词前打钩

☐ pedestrian ☐ sidewalk ☐ pavement ☐ curb ☐ prophet

2. 单词连连看 把单词和对应的英文释义配对

cynical

irony

Ⓐ the use of words that say the opposite of what you really mean, often as a joke and with a tone of voice that shows this

Ⓑ believing that people only do things to help themselves rather than for good or honest reasons

3. 超级补漏王 根据提示，补写横线上的内容

v. 侵略，攻击＿＿＿＿＿　　*n.*垫子 *v.*缓冲 ＿＿＿＿＿　　encyclopedia ＿＿＿＿＿

re- ① = again，表示"反复"

reconsider [ˌriːkənˈsɪdə(r)] *v.* 重新考虑

restore [rɪˈstɔː(r)] *v.* 恢复；复原；归还

派 restoration *n.* 修复；恢复

renaissance [rɪˈneɪs(ə)ns] *n.* 文艺复兴 **派** re-再 + naiss文艺，陶醉 + -ance

> **naiss 表示"文艺，陶醉"**
>
> **narcissism** [ˈnɑːsɪsɪzəm] *n.* 自恋，自我陶醉
> 派 narcissistic *adj.* 自恋的，自我陶醉的

recommend [ˌrekəˈmend] *v.* 推荐；建议 **派** re- + commend赞扬

派 recommendation *n.* 推荐

辨 **command** [kəˈmɑːnd] *v./n.* 命令

reassure [ˌriːəˈʃʊə(r)] *v.* 使……安心，使消除疑虑

recreation [ˌriːkriˈeɪʃ(ə)n] *n.* 消遣，娱乐

近 **amuse** [əˈmjuːz] *v.* 逗乐；消遣（amusement *n.* 娱乐；娱乐设施）
entertain [ˌentəˈteɪn] *v.* 使有兴趣；怀有（想法）；招待（entertainment *n.* 娱乐圈）

搭 entertain sb. with 用……招待某人

> 境
>
> **broker** [ˈbrəʊkə(r)] *n.* 经纪人

recharge [ˌriːˈtʃɑːdʒ] *v.* 充电；恢复体力 **派** re- + charge充电

派 rechargeable *adj.* 可再充电的

> **charge** [tʃɑːdʒ] *n.* 要价；主管 *v.* 充电；控告；收费
> 搭 charge sb. with sth. 因……指控某人
> in charge of 负责；主管

command [kəˈmɑːnd] *v./n.* 命令；控制

搭 in command of 指挥，掌控

　　under the command of 在……指挥下

真 to command the English language with skill and gift 用技巧和天赋掌握英语

recreation [ˌriːkriˈeɪʃ(ə)n] *n.* 消遣，娱乐；重建

搭 recreation center 娱乐中心；康乐中心

recreation industry 旅游产业

真 watersheds and opportunities for recreation 水域及重建机遇

charge [tʃɑːdʒ] *n.* 要价；主管 *v.* 充电；控告；收费

反 discharge *v.* 释放，允许……离开

真 Railroads charged all customers the same average rate. 铁路公司向所有客户收取相同的平均费用。

---

self-test

1. 识记小测试 在认识的单词前打钩

☐ renaissance   ☐ narcissism   ☐ reassure   ☐ recreation   ☐ broker

2. 单词连连看 把单词和对应的英文释义配对

recharge

charge

Ⓐ to fill a battery with electrical power; to be filled with electrical power

Ⓑ the amount of money that sb. asks for goods and services

3. 超级补漏王 根据提示，补写横线上的内容

v. 重新考虑 _____   restore _____   recommend _____

v./n. 命令 _____   *v.* 逗乐；消遣 _____   entertain _____

re- ② = back, 表示"回；向后，撤退"

retreat [rɪ'triːt] *v.* 撤退；退出

recall [rɪ'kɔːl] *v.* 回想起；召回

搭 recall crisis 召回危机

refuge ['refjuːdʒ] *n.* 庇护；避难所

派 refugee *n.* 难民

近 shelter *n.* 避难所；安全岛　词 *shel*保护 + ter

> **shel** 表示"保护，支付"
>
> **shell** [[ʃel]] *n.* 贝壳　*v.* 给……剥壳
> 搭 shell out支付
> **shield** [ʃiːld] *n.* 盾牌
> 拓 lance *n.* 长矛　freelance *n.* 自由职业者

shepherd ['ʃepəd] *n.* 牧羊人；指导者　词 *sheep*羊 + *herd*一群
搭 shepherd dog 牧羊犬 = sheepdog

> 形近 **herb** [hɜːb] *n.* 药草；草本植物

repent [rɪ'pent] *v.* 后悔，悔恨

搭 repent of 后悔……

resent [rɪ'zent] *v.* 怨恨，憎恶

搭 resent sth. 憎恶某物

retract [rɪ'trækt] *v.* 收回；撤回　词 *re-* + *tract*收缩

> **shrink** [ʃrɪŋk] *v.* 缩小，收缩
> 形近 shrimp *n.* 虾
> 近 **contract** [kən'trækt] *v.* 收缩 *n.* 合同（contraction *n.* 收缩，缩小）
> 反 **inflate** [ɪn'fleɪt] *v.* 膨胀；上涨（inflation *n.* 通货膨胀，膨胀，增大）

朱伟恋词十天闪记
词根词缀串记考研核心重点词

第 ⑥ 天

shrink [ʃrɪŋk] v.缩小，收缩

🔍 shrink from 退避；在……前面畏缩
　　shrink into oneself 缩成一团；变得
　　沉默

🔍 Social networking is shrinking the
　　distance with people. 社交网络正在

缩短人们之间的距离。

inflation [ɪnˈfleɪʃn] n. 通货膨胀；膨胀，
增大

🔍 deflation n. 通货紧缩

🔍 the increasing pressure of inflation 不
　　断增加的通货膨胀压力

---

self-test

1. 识记小测试 在认识的单词前打钩

☐ refuge 　　　☐ shield 　　　☐ shepherd 　　　☐ herb

☐ repent 　　　☐ shrink 　　　☐ contract 　　　☐ inflate

2. 单词连连看 把单词和对应的英文释义配对

　　retreat 　　　　Ⓐ to move away or back

　　recall 　　　　Ⓑ to remember sth.

3. 超级补漏王 根据提示，补写横线上的内容

shelter _____ 　　　　v. 怨恨，憎恶 _____ 　　　v. 回想起，召回 _____

empathy _____ 　　　　compatible _____

repulsion [rɪ'pʌlʃ(ə)n] *n.* 反感；排斥 *派* *re-* + *pul*强迫，拉 + *-sion*

近 **antipathy** [æn'tɪpəθi] *n.* 反感
派 *anti-*反对 + *path*感情 + *-y*

pul 表示"强迫，拉"

propulsion [prə'pʌlʃ(ə)n] *n.* 推进；推进力
拓 **drag** *n.* 拉力

pat, path, pass 表示"情感"

sympathy ['sɪmpəθi] *n.* 同情；支持
empathy ['empəθi] *n.* 共鸣，同理心
compatible [kəm'pætəb(ə)l] *adj.* 融洽的，兼容的

reclaim [rɪ'kleɪm] *v.* 要求归还；利用；回收 *派* *re-* + *claim* 索要

搭 reclaim land from sea 围海造田
　　 reclaim forests from fields 退耕还林

claim [kleɪm] *v.* 声称；索要

搭 claim one's rights of being informed 宣告某人具有知情权
拓 I set forth that... 我主张……

forth →forsee
foresee [fɔː'siː] *v.* 预见，预测
拓 in the foreseeable future 在可预见的未来

rear [rɪə(r)] *n.* 尾部；后方　*adj.* 后面的 *v.* 抚养；培养

搭 bring up the rear 殿后=support sb.
　　 at/in the rear of 在……的尾部
　　 rear a child 抚养小孩

表示"养"的词

近 **raise** [reɪz] *v.* 抚养；募集；提升；增加
搭 raise a child 抚养小孩
　　 raise funds 融资
cultivate ['kʌltɪveɪt] *v.* 培养，培育 *n.* 养育，培育
nurture ['nɜːtʃə(r)] *v.* 培养，培育 *n.* 养育，培育
派 nutrition *n.* 营养
nourish ['nʌrɪʃ] *v.* 养育，滋养
派 nourishment *n.* 补品，营养品

sympathy ['sɪmpəθi] *n.* 同情；支持

派 sympathetic *adj.* 同情的；交感神经的

sympathetically *adv.* 悲怜地，怜悯地

搭 in sympathy with 同情；赞成

真 High sympathy can substitute for low guilt. 高度的同情心可以替代不足的内疚感。

cultivate ['kʌltɪveɪt] *v.* 培养，培育 *n.* 养育，培育

派 cultivation *n.* 培养；耕作

搭 cultivate talents 培养人才

真 cultivate more drought-resistant trees 培育更多抗旱树木

nurture ['nɜːtʃə(r)] *v.* 培养，培育 *n.* 养育，培育

拓 calibre nurturing 素质培养

真 High achievers owe their success mostly to nurture. 杰出人物的成功主要归因于后天的培养。

❶ pul 表示"强迫，拉"

compulsory [kəm'pʌlsəri] *adj.* 强制性的

impulse ['ɪmpʌls] *n.* 冲动；心血来潮

expulsion [ɪk'spʌlʃn] *n.* 驱逐；逐出

❷ pat, path, pass 表示"情感"

pathetic [pə'θetɪk] *adj.* 可怜的；可悲的；令人怜惜的

passion ['pæʃn] *n.* 强烈情感；激情

self-test

1. 识记小测试 在认识的单词前打钩

☐ foresee ☐ rear ☐ raise ☐ cultivate

2. 单词连连看 把单词和对应的英文释义配对

reclaim

claim

Ⓐ to get sth. back or to ask to have it back after it has been lost, taken away, etc.

Ⓑ to say that sth. is true although it has not been proved and other people may not believe it

3. 超级补漏王 根据提示，补写横线上的内容

nurture _____ *v.* 养育，滋养 _____

vok "说话" "叫喊"

revoke [rɪ'vəʊk] v. 取消; 废除; 使无效   拆 *re-*收回 + *vok*说话 + *-e*动词词尾

近 **renounce** [rɪ'naʊns] v. 声明放弃, 否认

搭 renounce one's privilege/priority/ precedence 放弃某人的特权/优先 权/优先权

拓

privilege ['prɪvəlɪdʒ] n.特权
priority [praɪ'ɔːrəti] n.优先权
precedence ['presɪdəns] n.优先权

表示 "说话" 的词

log/loq,vok/vol,nounce,fess=speak
confess [kən'fes] v. 供认; 坦白
搭 confess to sth. 坦白某事
profess [prə'fes] v. 宣称; 信仰
派 profession n. 职业

---

provoke [prə'vəʊk] v. 挑衅, 激起; 刺激   拆 *pro-*在前 + *voke*叫喊

派 provocative *adj.* 煽动性的

境

urge [ɜːdʒ] v. 激励; 催促, 主张
搭 urge sb. to do sth. 敦促某人做某事
派 urgent *adj.* 急切的
   搭 be urgent to do sth. 迫切地想要做某事=be keen to do sth.
   近 **imperative** [ɪm'perətɪv] *adj.* 急切的 *n.* 命令, 必要的事
    搭 It is imperative that…做某事十分紧急……
spur [spɜː(r)] *n./v.* 刺激; 促进

境

indignant [ɪn'dɪgnənt] *adj.* 愤愤不平的
派 indignation [ˌɪndɪg'neɪʃn] *n.* 愤怒
dignity ['dɪgnəti] *n.* 尊严
indignity [ɪn'dɪgnəti] *n.* 侮辱; 轻蔑

---

pel = pull表示 "推"

impel [ɪm'pel] v. 自己推动; 驱使
compel [kəm'pel] v. 强迫; 迫使
拓 compelling *adj.* 令人信服的, 引人入胜的=appealing =attractive=interesting=persuasive
impulse ['ɪmpʌls] *n.* 冲动; 脉冲; 推动力

provoke [prə'vəʊk] *v.* 挑衅；激起；刺激

派 provocation *n.* 挑衅；激怒；挑拨

搭 provoke a quarrel 寻隙挑衅

真 Novelty itself frequently <u>provokes</u> <u>disbelief</u>. 新奇事物本身就容易引起怀疑。

compel [kəm'pel] *v.* 强迫；迫使

搭 be compelled to 不得不

真 The writer was <u>compelled</u> by circumstances to leave her job. 作者因环境所迫而辞职。

impulse ['ɪmpʌls] *n.* 冲动；脉冲；推动力

近 motivation *n.* 动力；动机；诱因

搭 impulse force 冲击力

真 one approach takes this <u>impulse</u> for unification to its extreme 有一种做法把这种寻求大同理论的<u>冲动</u>推向极端

pel=pull 表示"推"

expel [ɪk'spel] *v.* 开除

propel [prə'pel] *v.* 推动；驱动；推进

repel [rɪ'pel] *v.* 击退；驱逐

---

self-test

1. 识记小测试 在认识的单词前打钩

☐ revoke   ☐ renounce   ☐ confess   ☐ provoke

☐ indignant   ☐ urge   ☐ spur   ☐ imperative

2. 单词连连看 把单词和对应的英文释义配对

┌─────────────┐
│   impel   │
└─────────────┘

Ⓐ to force sb. to do sth.; to make sth. necessary

┌─────────────┐
│   compel   │
└─────────────┘

Ⓑ if an idea or feeling impels you to do sth., you feel as if you are forced to do it

3. 超级补漏王 根据提示，补写横线上的内容

profess _____   *n.*尊严 _____   *n.*侮辱；轻蔑 _____

impulse _____

evoke [ɪ'vəʊk] *v.* 引起，唤起

 evocative *adj.* 被唤起的，被引起的

境

jog [dʒɑːg] *v.* 唤醒；轻推

搭 jog one's memory about sth. 唤起某人有关某事的回忆

境

seduce [sɪ'duːs] *n.* 勾引；引诱 派 *se- (=see) + duce* 拉

tempt [tempt] *v.* 诱惑

拓 contempt *n.* 鄙视

flirt [flɜːt] *v.* 调情

tease [tiːz] *v.* 取笑；挑逗

duce 表示"引"

induce [ɪn'djuːs] *v.* 劝说；诱使；引起

派 inducement *n.* 诱因

induce [ɪnˈdjuːs] *v.* 劝说；诱使；引起

近 persuade *v.* 劝说；说服

真 It was enough to induce resentment in a female capuchin. 这足以引起雌卷尾猴的怨恨。

tease [tiːz] *v.* 取笑；挑逗

真 It is really important to understand and try and tease out what is the human connection with fire today. 理解并尽力梳理出当今人类与火灾之间的关联是非常重要的。

第 ❼ 天

duce 表示 "引"

deduce [dɪˈdjuːs] *v.* 推论；推断；演绎

educe [ɪˈdjuːs] *v.* （尤指由潜在的状态）

进化或发展

seduce [sɪˈdjuːs] *v.* 诱骗；唆使

---

self-test

1. 识记小测试 在认识的单词前打钩

☐ flirt   ☐ tease   ☐ jog

2. 超级补漏王 根据提示，补写横线上的内容

v. 引起，唤起 _____   induce _____

v. 勾引；引诱 _____   tempt _____

> Worrying does not empty tomorrow of its troubles; it empties today of its strength.
>
> ——Corrie Ten Boom
>
> 焦虑不能清空明天的问题，只会消除今天的力气。
>
> ——柯丽·邓·波姆

volve "旋转"

revolve [rɪ'vɒlv] *v.* 旋转；环绕；转动

派 revolution *n.* 革命
revolutionary *adj.* 革命性的
revolutionize *v.* 彻底变革；发动革命
近 **rotate** [rəʊ'teɪt] *v.* 旋转；转动；轮值

evolve [ɪ'vɒlv] *v.* 进化，演化

派 evolution *n.* 进化；发展

volume ['vɒljuːm] *n.* 卷；量

搭 voice volume 音量
sales volume 销售额（=**turnover** ['tɜːnəʊvə] *n.* 销售额；人员流动率）
近 **chapter** ['tʃæptə(r)] *n.* 章节
形近 **charter** *n.* 宪章；特许状 *v.* 给予……特权

involve [in'vɒlv] *v.* 涉及；包含

近 include [ɪn'kluːd] *v.* 包含；包括
派 involvement *n.* 参与；投入

resolve [rɪ'zɒlv] *v.* 解决；解析

派 resolution *n.* 决议；解决办法；决心
resolute *adj.* 果断的，有决心的

evolve [ɪ'vɒlv] *v.* 进化，演化

📦 evolve into 发展成，进化成

　　evolve from 由……进化

📘 Human indignation evolved from an uncertain source. 人类的愤怒由什么进化而来不得而知。

involve [in'vɒlv] *v.* 涉及；包含

📦 involve in 参与；涉及

📘 Rather, it involves setting specific goals. 相反，它包括设定具体的目标。

resolution [ˌrezə'lu:ʃn] *n.* 决议；解决办法；决心

📦 draft resolution 提案；决议草案

📘 a badly needed resolution 一个急需的解决方案

第 **7** 天

---

self-test

1. **识记小测试** 在认识的单词前打钩

☐ turnover　　☐ rotate　　☐ volume　　☐ chapter

2. **单词连连看** 把单词和对应的英文释义配对

　revolve　　　　Ⓐ to go in a circle around a central point

　evolve　　　　Ⓑ to develop gradually, especially from a simple to a more complicated form; to develop sth. in this way

3. **超级补漏王** 根据提示，补写横线上的内容

v. 涉及；包含 _____　　　　　resolve _____

Why are you trying so hard to fit in when you were born to stand out?

——Ian Wallace

如果你生来就与众不同，何苦非要融入这群乌合之众？

——伊恩·华莱士

with- 表示"向后，后退""相反"

withdraw [wɪð'drɔː] *v.* 撤销，取款；撤回

反 **deposit** [dɪ'pɒzɪt] *v.* 存款；定金；储蓄

withhold [wɪð'həʊld] *v.* 扣留；拒绝给予；限制

近 hold back 抑制，限制

表示"限制"的词

restrict [rɪ'strɪkt] *v.* 限制
constrain [kən'streɪn] *v.* 限制，约束
同 restrain *v.* 控制；抑制
搭 constrain sb. from doing sth. 限制某人做某事
refrain [rɪ'freɪn] *v.* 克制；避免
搭 refrain from doing sth. 忍住不做某事
prohibit [prə'hɪbɪt] *v.* 禁止
派 prohibitive *adj.* 禁止的，限制性的
  搭 prohibitive medicine 禁止性药物 —— 拓 → **curative medicine** 治愈性药物；特效药
preventive [prɪ'ventɪv] *adj.* 预防性的

wither ['wɪðə(r)] *v.* 凋零；凋谢

withdraw [wɪð'drɔː] *v.* 撤销，取款；撤回

<u>派</u> withdrawal *n.* 撤退，收回；提款

<u>搭</u> withdraw money 取钱

<u>真</u> Entergy will withdraw its Plymouth application. 安特吉公司将会撤回它在普利茅斯的申请。

withhold [wɪð'həʊld] *v.* 扣留；拒绝给予；限制

<u>搭</u> withhold information 隐瞒消息

<u>真</u> withhold their unflattering sides 隐瞒他们不讨好人的方面

constrain [kən'streɪn] *v.* 限制，约束

<u>派</u> constrainedly *adv.* 勉强地；强迫地

<u>真</u> in order to constrain the ever-increasing cost of drugs 以限制不断增加的药物成本

第 **7** 天

with- 表示"向后，后退"

withstand [wɪð'stænd] *v.* 承受；抵住

---

self-test

1. 识记小测试 在认识的单词前打钩

☐ restrict   ☐ constrain   ☐ refrain   ☐ prohibit

☐ curative   ☐ preventive

2. 单词连连看 把单词和对应的英文释义配对

     withdraw   Ⓐ to move back or away from a place or situation.

     Ⓑ to refuse to give sth. to sb.

     withhold

3. 超级补漏王 根据提示，补写横线上的内容

deposit _____   *v.* 凋零；凋谢 _____

centri = center 表示"中"

ethnocentric [ˌeθnəʊˈsentrɪk] *adj.* 种族优越的；种族中心主义的

racism [ˈreɪsɪzəm] *n.* 种族主义
self-centered [self ˈsentəd] *adj.* 自私的，利己主义的

eccentric [ɪkˈsentrɪk] *adj.* 古怪的；异乎寻常的

派 eccentricity *n.* 古怪；怪癖；离心率
近 **weird** [wɪəd] *adj.* 古怪的，不寻常的
　　bizarre [bɪˈzɑː(r)] *adj.* 奇异的，古怪的

ethno=ethnic，表示"人种的，种族的"

ethnology [eθˈnɒlədʒi] *n.* 人种学

ethnography [eθˈnɒɡrəfi] *n.* 人种志

拓 **autobiography** [ˌɔːtəbaɪˈɒɡrəfi] *n.* 自传

ethnic [ˈeθnɪk] *adj.* 种族的；民族的

派 ethnicity *n.* 种族特性

ethos [ˈiːθɒs] *n.* 文化精神，社会底蕴

ethics [ˈeθɪks] *n.* 伦理学；道德原则

派 ethical [eθɪkl] *adj.* 伦理的；道德的
近 **virtue** [ˈvɜːtʃuː] *n.* 美德；优点
　　moral [ˈmɒrəl] *adj.* 道德的 *n.* 道德准则
　　搭 moral level 道德水准
　　派 morality *n.* 道德，品行

bizarre [bɪˈzɑː(r)] *adj.* 奇异的，古怪的

反 conventional *adj.* 依照惯例的，约定俗成的

真 It is bizarre that wealthy aristocratic families should still be the symbolic heart of modern democratic states. 很奇怪，富有的贵族家庭仍然是现代民主国家的核心象征。

virtue [ˈvɜːtʃuː] *n.* 美德；优点

搭 in virtue of 由于；凭借

virtue education 思想教育

真 Completeness is no longer a virtue in the newspaper business. 完整性已经不再是报纸业的优点了。

第 ❼ 天

---

1. **识记小测试** 在认识的单词前打钩

☐ ethnocentric ☐ white-centered ☐ self-centered ☐ eccentric

☐ weird ☐ ethnography ☐ autobiography ☐ ethos

2. **单词连连看** 把单词和对应的英文释义配对

> virtue

> moral

Ⓐ concerned with principles of right and wrong behaviour

Ⓑ behaviour or attitudes that show high moral standards

3. **超级补漏王** 根据提示，补写横线上的内容

racism _____   *adj.*奇异的，古怪的 _____   ethnology _____

ethnic _____   *n.*伦理学；道德原则 _____

e- = ex- = extra- 表示"外, 额外"

extravagant [ɪkˈstrævəgənt] *adj.* 奢侈的, 挥霍的

派 extravagance *n.* 挥霍; 奢华

近 **deluxe** [dɪˈlʌks] *adj.* 豪华的, 高档的

　　luxury [ˈlʌkʃəri] *n.* 奢侈品 (luxurious *adj.* 奢侈的)

> -ant/-ent 变名词 -ance/-ence

extraordinary [ɪkˈstrɔːd(ə)n(ə)ri] *adj.* 非凡的; 特别的

-ade = walk 表示"走"

evade [ɪˈveɪd] *v.* 逃避; 难倒

派 evasive *adj.* 逃避的

近 **avoid** [əˈvɔɪd] *v.* 逃避 (avoidable *adj.* 可避免的; 可回避的)

派 unavoidable *adj.* 无处可逃的

wade [weɪd] *v.* 蹚水; 涉水

parade [pəˈreɪd] *n./v.* 检阅, 行军

近 **demonstrate** [ˈdemənstreɪt]
v. 证明; 表露; 示威

> **pred表示"抓, 拿"**
>
> **depredation** [ˌdeprəˈdeɪʃn] *n.* 掠夺; 破坏
> **predator** [ˈpredətə(r)] *n.* 掠夺者; 肉食性动物

crusade [kruːˈseɪd] *n.* (长期坚定不移的) 斗争, 运动

派 crusader *n.* 十字军

extraordinary [ɪk'strɔːd(ə)n(ə)ri] *adj.*
非凡的；特别的

近 remarkable; wonder *adj.* 非凡的

反 ordinary; common; unexceptional *adj.*
普通的；平常的

真 In his autobiography, Darwin himself
speaks of his intellectual powers with
<u>extraordinary</u> modesty. 达尔文在其
自传中谈及自己智力时极为谦逊。

demonstrate ['demənstreɪt] *v.* 证明；表
露；示威

近 prove; manifest; display *v.* 证明；展

示；显示
give evidence of 证明

派 demonstrative *adj.* 说明的；证明
的；公开表露感情的
demonstration *n.* 示范；证明；示威
游行

predator ['predətə(r)] *n.* 掠夺者；肉食
性动物

近 carnivore *n.* 食肉动物

反 prey *n.* 被捕食的动物；牺牲者

派 predatory *adj.* 掠夺的，掠夺成性的
predation *n.* 捕食；掠夺

第 **❼** 天

-ant / -ent变名词→ -ance / -ence

important [ɪm'pɔːt(ə)nt] *adj.* 重要的→ importance [ɪm'pɔːt(ə)ns] *n.* 重要性

negligent ['neglɪdʒənt] *adj.* 疏忽的 → negligence ['neglɪdʒəns] *n.* 疏忽；失职

self-test

1. 识记小测试 在认识的单词前打钩

☐ extravagant   ☐ extraordinary   ☐ demonstrate   ☐ depredation

☐ predator

2. 单词连连看 把单词和对应的英文释义配对

| luxury | Ⓐ to escape from sb./sth. or avoid meeting sb. |

| evade | Ⓑ a thing that is expensive and enjoyable but not essential |

3. 超级补漏王 根据提示，补写横线上的内容

parade _____   crusade _____   *adj.*可避免的；可回避的 _____
*v.*蹚水；涉水 _____

a- = to 表示"目标明确，加深程度"

accelerate [əkˈseləreɪt] *v.* 加速；加快 **派** *ac- + celer* 速度 + *-ate* 动词词尾

反 **decelerate** [diːˈseləreɪt]] *v.* 减速

境

perceive [pəˈsiːv] *v.* 认为，理解，注意到

近 figure out 搞清楚；弄明白

派 perception *n.* 知觉；看法；洞察力

= insight = opinion = perspective

cele = speed，表示"速度"

celerity [sɪˈlerɪti] *n.* 快速；敏捷

celeb 表示"庆祝"

celebrity [səˈlebrəti] *n.* 名人，明星

近 notability *n.* 显要人物

celebration [ˌselɪˈbreɪʃn] *n.* 庆祝

搭 Spring Festival Celebration 春节联欢晚会

approve [əˈpruːv] *v.* 批准；认可；同意

搭 approve of = agree with 同意

appraise [əˈpreɪz] *v.* 评价；评估

acclaim [əˈkleɪm] *v./n.* 赞扬；称赞 **派** *ac- + claim* 说话

近 **applaud** [əˈplɔːd] *v.* 鼓掌，称赞

近 give sb. some hands. 为某人鼓掌

派 applause *n.* 掌声，喝彩

根

lord 表示"君王"

landlord [ˈlændlɔːd] *n.* 地主

claim = log = loq = fess = nounce = logue = loque，表示"说话"

declaim [dɪˈkleɪm] *v.* 慷慨陈词；演讲

派 declamation *n.* 演讲

disclaim [dɪsˈkleɪm] *v.* 公开否认，放弃

派 *dis-* 不 + *claim* 说话

exclaim [ɪkˈskleɪm] *v.* 呼喊；惊叫

派 *ex-* 向外 + *claim* 说话

派 exclamation *n.* 感叹

proclaim [prəˈkleɪm] *v.* 正式宣布；声明

派 *pro-* 向前 + *claim* 说话

派 proclamation *n.* 宣布

perceive [pə'siːv] *v.* 认为，理解，注意到

搭 perceive as 视为

派 perceptive *adj.* 感知的，知觉的；有知觉力的

    perception *n.* 知觉；看法；洞察力

真 Phones are our happy glasses that protect us from what we perceive is going to be more dangerous. 手机是使我们愉悦的眼镜，使我们免受我们认为可能会更危险的事物之害。

acclaim [ə'kleɪm] *v./n.* 赞扬；称赞

近 applaud; hail *v.* 称赞

反 criticize; blame *v.* 责备

搭 critical acclaim 赞颂；高度评价

真 We learn from Paragraph 1 that Gilbert's appointment has received acclaim. 从第一段可知吉尔伯特的任命已受到称赞。

declaim [dɪ'kleɪm] *v.* 慷慨陈词；演讲

近 give a lecture 演讲

拓 hold forth 滔滔不绝地说

---

self-test

1. **识记小测试** 在认识的单词前打钩

☐ celerity   ☐ declaim   ☐ disclaim   ☐ decelerate

☐ notability   ☐ appraise

2. **单词连连看** 把单词和对应的英文释义配对

celebrity   Ⓐ a landowner who leases to others

landlord   Ⓑ a widely known person

3. **超级补漏王** 根据提示，补写横线上的内容

exclaim _____   proclaim _____   perceive _____

v. 赞扬；称赞 _____   *v.* 加速；加快 _____

perception = _____ = _____ = _____

figure out _____ 同意 _____ = _____

claim=log=loq=fess=nounce=logue=loque 表示"说话"

catalogue ['kætəlɒg] *n.* 目录；一连串（糟糕）事　**拆** *cata*-向下 + *logue*说话

> **cata-表示"向下"**
> **cataclysm** ['kætəklɪzəm] *n.* 灾难（天灾）
> **catastrophe** [kə'tæstrəfi] *n.* 灾难（人祸）
> **派** catastrophic *adj.* 灾难性的
> **catabolism** [kə'tæbəlɪzəm] *n.* 分解代谢
> **拓** metabolism *n.* 新陈代谢

epilogue ['epɪlɒg] *n.* 后记；尾声　**拆** *epi*-往后放 + *logue*说话

反 **prologue** ['prəʊlɒg] *n.* 序言；开场白

> **epi- = post表示"往后放"**
> **epidemic** [ˌepɪ'demɪk] *adj.* 盛行的 *n.* 流行病
> **搭** epidemic flu=influenza 流感
> **拓** Swine Flu 猪流感
> Bird Flu 禽流感

monologue ['mɒnəlɒg] *n.* 独角戏；长篇独白

mono- 表示"一个"

monopoly [mə'nɒpəli] *n.* 垄断独占；专利　**拆** *mono*-一个 + *poly*多

> **境**
> **homo- 表示"一个"**
> **homosexual** [ˌhəʊmə'sekʃʊəl] *adj.* 同性恋的
> **拆** *homo*- 一个 + *sex*性 + *-ual*形容词词尾

> **poly- 表示"多"**
> **polygon** ['pɒlɪgən] *n.* 多边形；多角形物体　**拆** *poly*-多 + *gon*角

epidemic [ˌepɪˈdemɪk] *adj.* 盛行的 *n.* 流行病

近 pandemic *adj.* 流行的；*n.* 流行病

搭 epidemic disease 流行病；传染病

真 The outbreak of swine flu that was first detected in Mexico was declared a global epidemic on June 11, 2009. 2009 年6 月11 日，最初在墨西哥发现的猪流感大爆发被宣布为全球性传染病。

monopoly [məˈnɒpəli] *n.*垄断独占；专利

派 monopolistic *adj.* 垄断的；独占性的；专利的

monopolism *n.* 垄断主义；垄断制度
monopolise *v.* 垄断

真 Any threat of monopoly, they argue, is removed by fierce competition from trucks. 他们认为，任何垄断的威胁都会通过来自公路运输的激烈竞争得以消除。

第 8 天

❶ epi- = post表示"往后放"

epicenter [ˈepɪsentə(r)] *n.* 震中；中心

epitome [ɪˈpɪtəmi] *n.* 典型，缩影；摘要

❷ homo- 表示"一个"

homogeneity [ˌhɒmədʒəˈniːəti] *n.* 同种；

同质

❸ poly- 表示"多"

polyfunctional [ˌpɒlɪˈfʌŋkʃənəl] *adj.* 多官能的；多重的

polysyllable [ˈpɒlɪsɪləbl] *n.* 多音节词

---

self-test

1. 识记小测试 在认识的单词前打钩

☐ cataclysm   ☐ catabolism   ☐ epilogue   ☐ prologue

☐ metabolism   ☐ influenza   ☐ monologue   ☐ homosexual

☐ polygon

2. 超级补漏王 根据提示，补写横线上的内容

n. 目录；一连串（糟糕）事 _____   *adj.* 盛行的 *n.* 流行病 _____

catastrophe _____   epidemic flu _____

monopoly _____   禽流感 _____

monogamy [məˈnɒɡəmi] *n.* 一夫一妻制 🉐 *mono-*一个 + *gamy* 婚姻

polygamy [pəˈlɪɡəmi] *n.* 一夫多妻；一妻多夫制

🉐 *poly-*多个 + *gamy* 婚姻

拓 trigamy *n.* 一夫三妻

gamophobia [ˌɡæməˈfəʊbiə] *n.* 恐婚

🉐 *gamo* + *phobia* 怕

拓 philophobia *n.* 恐恋 🉐 *philo*爱+ *phobia*怕

tokophobia *n.* 恐育 🉐 *toko*生育+ *phobia*怕

philo 表示"爱"

philosopher [fəˈlɒsəfə(r)] *n.* 哲学家 🉐 *philo*爱 + *soph*聪明 + *-er*人

拓

toko, toco 表示"生育"

tokology [tɒˈkɒlədʒi] *n.* 产科学

🉐 *toko*生育 + *-logy*

同 obstetrics *n.* 产科学；助产术

bi- 表示"两个"

bilateral [ˌbaɪˈlætərəl] *adj.* 双边的；双方的 🉐 *bi-*两 + *lateral*边

搭 bilateral agreement 双边协定

反 **unilateral** *adj.* 单边的；单方的

搭 unilateral military action 单边军事行动

later = side，表示"侧面，边"

lateral [ˈlætərəl] *adj.* 侧面的；横向的

collateral [kəˈlætərəl] *adj.* 并行的；旁系的；附属的 *n.* 抵押品；旁系亲属

拓

latitude [ˈlætɪtjuːd] *n.* 纬度

搭 latitude of exposure 曝光度

longitude [ˈlɒnɡɪtjuːd] *n.* 经度

biannual [baɪˈænjuəl] *adj.* 一年两次的

拓 annual / year-end bonus 年终奖金

biennial [baɪˈænjuəl] *adj.* 两年一次的

lateral ['lætərəl] *adj.* 侧面的；横向的

近 sided; transverse *adj.* 侧面的，横向的

派 laterally *adv.* 横向地

　　lateralize *v.* 使向侧面

真 A lateral move that hurt my pride and blocked my professional progress prompted me to abandon my relatively high profile career although... 一次伤害我自尊、阻断我事业发展的平级人事调动促使我放弃了我那相对备受瞩目的职业……

annual ['ænjuəl] *adj.* 一年一度的

近 yearly *adj.* 年度的

搭 annual meeting 年会

　　annual production/ output 年产量

philo 表示 "爱"

philosophy [fə'lɒsəfi] *n.* 哲学；哲学体系，思想体系

philology [fɪ'lɒlədʒi] *n.* 语文学；语文研究

---

self-test

1. 识记小测试：在认识的单词前打钩

☐ monogamy　　☐ polygamy　　☐ gamophobia　　☐ tokology

☐ obstetrics　　☐ bilateral　　☐ collateral　　☐ biannual

☐ biennial

2. 超级补漏王｜根据提示，补写横线上的内容

n. 哲学家 _____　　　　　latitude _____

n. 经度 _____　　　　　*adj.* 单边的；单方的 _____

latitude of exposure _____　　unilateral military action _____

第 8 天

tri- 表示 "三个"

triangle ['traɪæŋg(ə)l] *n.* 三角形；三角形物体 词 **tri-** 三个 + **angle**角

搭 love triangle 三角恋

> ### gle, gon 表示 "角"
>
> **agony** ['ægəni] *n.* 剧痛；痛楚
> 搭 save sb. the agony of doing sth. 免于某人做某事的痛苦
> 例 That disastrous fire has saved us the agony of deciding what to keep and what to get rid of. 这场灾难性的大火让我们免于决定哪些东西留下、哪些东西丢掉的痛苦。
> 派 agonize *v.* 感到极度痛苦，挣扎

境

ugly ['ʌgli] *adj.* 丑陋的
派 ugliness *n.* 丑陋
dispose [dɪ'spəʊz] *v.* 处理；丢掉
派 disposable *adj.* 一次性的
搭 dispose of 去掉；解决
辨 cope with = deal with = handle 处理

qua- 表示 "四"

square [skweə(r)] *n.* 广场；正方形；正方形物

adequate ['ædɪkwət] *adj.* 满足的；足够的
搭 make an adequate preparation for sth. 为某事做充分的准备

penta- 表示 "五"

pentagon ['pentəgən] *n.* 五边形；五角大楼 词 **penta-**五 + **gon**角

朱伟恋词十天闪记 词根词缀串记考研核心重点词

dispose [dɪ'spəʊz] *v.* 处理；丢掉

近 schedule; settle; cope with 处理；处置；安排

搭 dispose of 去掉；解决

派 disposal *n.* 处理；支配；清理；安排

真 There are also incentive-based ways of making better environmental choices easier, such as ensuring recycling is at least as easy as trash <u>disposal</u>. 此外，还有更便于人们做出更好的环保选择的激励式手段，比如确保回收利用至少像丢垃圾一样方便。

❶ tri- 表示"三个"

triple ['trɪpl] *adj.* 三倍的，三重的；*v.* 成为三倍；使增至三倍

trilingual [traɪ'lɪŋɡwəl] *adj.* 三种语言的

trilogy ['trɪlədʒi] *n.* （书籍、电影等的）三部曲；三部剧

❷ qua- 表示"四"

quadrangle ['kwɒdræŋɡl] *n.* 四边形；方院

quadrennial [kwɒ'drenɪəl] *adj.* 每四年一次的

---

self-test

1. 识记小测试 在认识的单词前打钩

☐ ugliness ☐ agonize ☐ disposable ☐ pentagon

2. 单词连连看 把单词和对应的英文释义配对

| triangle |

Ⓐ intense feelings of suffering; acute mental or physical pain

| agony |

Ⓑ a three-sided polygon

3. 超级补漏王 根据提示，补写横线上的内容

adj. 丑陋的 _____ dispose _____ *n.* 广场；正方形；正方形物 _____

adequate _____

v. 处理；丢掉 _____ = _____ = _____

make an adequate preparation for sth. _____

save sb. the agony of doing sth. _____

第 ❽ 天

claim=log=loq=fess=nounce=logue=loque 表示"说话"

eloquence ['eləkwəns] *n.* 流利的口才；修辞

colloquial [kə'ləʊkwiəl] *adj.* 通俗的，口语的

pronounce [prə'naʊns] *v.* 发音；宣布

派 pronunciation *n.* 发音
　　pronouncement *n.* 公告

境
announcement [ə'naʊnsmənt] *n.* 公告；宣布
circular ['sɜːkjələ(r)] *n.* 通告 *adj.* 圆形的
同 bulletin *n.* 通告

denounce [dɪ'naʊns] *v.* 谴责；控告

派 denouncement *n.* 谴责，责备
搭 denounce sb. as a coward 谴责某人是个懦夫
　　denounce sb. for sth. 因某事而控告某人

境
charge sb. with sth.（刑事）因某事而控告某人
sue sb. for sth.（上诉）因某事而控告某人

condemn [kən'dem] *v.* 谴责；宣判
派 condemnation *n.* 谴责；责备
blame [bleɪm] *n./v.* 谴责；指责
搭 blame on sb. 归咎于某人
　　place a blame on 谴责
拓 make a complaint of/about 抱怨
chide [tʃaɪd] *v.* 责备；斥责
rap [ræp] *v.* 骂人

rupt 表示"破；断裂"

rapture ['ræptʃə(r)] *n.* 欣喜若狂
辨 rupture *n.* 破裂；断裂
corrupt [kə'rʌpt] *v.* 使腐化 *adj.* 腐败的
派 corruption *n.* 贪污，腐败；堕落
bankrupt ['bæŋkrʌpt] *v.* 破产 *adj.* 破产的
派 bankruptcy *n.* 破产

拓

announce [ə'naʊns] *v.* 宣布；声称；通知

近 indicate; declare; publish *v.* 宣布

派 announcement *n.* 公告；宣布

真 Apparently, this drawing reveals to us: a finishing line doesn't announce the end of a race, but marks the starting of another one. 很明显这幅画在向我们传达：终点线并非宣布这一场比赛结束，而是表明另一场比赛开始。

condemn [kən'dem] *v.* 谴责；宣判

近 denounce *v.* 谴责；控告

反 praise; approve; commend *v.* 称赞

派 condemnation *n.* 谴责；责备

真 But while this may be true, it's not a good enough reason to condemn gap years. 但这即使是事实，也不足以成为谴责间隔年的理由。

corrupt [kə'rʌpt] *v.* 使腐化 *adj.* 腐败的

派 corruption *n.* 贪污，腐败；堕落 corruptible *adj.* 易腐败的；易堕落的；可以贿赂的

真 A recent study attempts to separate them by looking at bribery prosecutions under America's Foreign Corrupt Practices Act (FCPA). 最近一项研究试图通过查看美国《反海外腐败法》(FCPA)下的行贿诉讼来将其区分。

第 **8** 天

rupt表示"破；断裂"

disrupt [dɪs'rʌpt] *v.* 妨碍；扰乱

interrupt [ˌɪntə'rʌpt] *v.* 打断，打扰；使暂停

---

self-test

1. 识记小测试 在认识的单词前打钩

☐ eloquence   ☐ colloquial   ☐ announcement   ☐ chide

☐ rapture   ☐ rupture   ☐ bankruptcy

2. 超级补漏王 根据提示，补写横线上的内容

v. 发音；宣布 _____   circular _____   bulletin _____

v. 谴责；控告 _____   condemn _____   rap _____

corrupt _____   *v.*使腐化 *adj.*腐败的 _____

因某事而控告某人 _____ = _____ = _____

prosecute ['prɒsɪkjuːt] *v.* 起诉，公诉

拆 *pro-*在前 + *secut* 跟随 + *-e*

派 prosecutor *n.* 检察官
= a prosecuting attorney

辨 persecute *v.* 迫害，虐待

拓 →

jury ['dʒʊəri] *n.* 陪审团

verdict ['vɜːdɪkt] *n.* 裁定；判决 拆 *ver*
真实 + *dict*命令

根

secu ① 表示"裁决，裁判，执行"

executive [ɪgˈzekjətɪv] *adj.* 行政的；决
策的

搭 CEO=Chief Executive Officer 首席执
行官

拓 execution *n.* 执行，极刑
death penalty 死刑

根

dict 表示"命令"

dictation [dɪkˈteɪʃ(ə)n] *n.* 听写；
命令

dictatorship [ˌdɪkˈteɪtəʃɪp] *n.* 专
政；独裁权

secu ②=sequ 表示"连续"

consecutive [kənˈsekjətɪv] *adj.* 连续的

搭 consecutive/straight wins 连胜

近 a sequence of
=a succession of
=a series of 一系列的

拓 a set of 一套；一组
a cluster of 一组；一群

consequence ['kɒnsɪkwəns] *n.* 结果；后果

近 ensuing（next = following）occurrence *n.*随后发生的事
aftermath *n.*（战争、风暴、事故的）后果；余波

拓

recur [rɪˈkɜː(r)] *v.* 复发；反复出现

派 recurrence *n.* 复发

拓 rehab (center) *n.* 戒毒所，康复中心

verdict ['vɜ:dɪkt] *n.* 裁定；判决

近 conclusion; ruling *n.* 结论；裁定

真 ...Elizabeth Denham, has issued her damning verdict against the Royal Free hospital trust under the NHS. ……伊丽莎白·德纳姆对NHS下属的英国皇家自由信托医院做出了证据确凿的违法裁决。

dictate [dɪk'teɪt] *v.* 命令；支配 *n.* 命令

近 instruct; order; command *v.* 命令

搭 dictate to 命令；向……口授

consequence ['kɒnsɪkwəns] *n.* 结果；后果

搭 in consequence 因此；结果

as a consequence of 因此；由于……的结果

真 The consequence is that you perceive that the trip has taken less time than it actually has. 结果是，你感觉花在路上的时间比实际需要的少。

occur [ə'kɜ:(r)] *v.* （尤指意外地）发生；（想法）产生

近 happen; exist; proceed *v.* 发生；出现；存在

搭 occur to 想起；突然想到

派 occurrence *n.* 发生；出现；事件；发现

aftermath ['ɑ:ftəmæθ] *n.* （战争、风暴、事故的）后果，余波

近 sequel; backwash *n.* 后果；余波

真 the aftermath of the searing Great Recession 灼热的大衰退余波

第 8 天

dict 表示 "命令"

indict [ɪn'daɪt] *v.* 控告；起诉   predict [prɪ'dɪkt] *v.* 预言；预告；预报

self-test

1. 识记小测试 在认识的单词前打钩

☐ dictatorship   ☐ ensuing   ☐ aftermath   ☐ ensue   ☐ rehab

2. 超级补漏王 根据提示，补写横线上的内容

denounce _____   prosecute _____   *v.* 迫害，虐待 _____

n. 陪审团 _____   verdict _____   *adj.* 行政的；决策的 _____

n. 听写；命令 _____   *adj.* 连续的 _____

n. 结果；后果 _____   occurrence _____   recur _____

CEO = Chief Executive Officer _____   death penalty _____

consecutive/straight wins _____   a cluster of _____

一系列的 _____ = _____ = _____

per- = pene- = through 表示"穿透，完全"

penetrate ['penətreɪt] v. 穿透，渗透

拓 **penetrating** adj. 渗透的；尖锐的；有洞察力的

搭 penetrating odor 刺鼻的气味

penetrating voice 刺耳的声音

penetrating vision 看得透彻

派 **penetrative** adj. 有洞察力的；渗透的

搭 a penetrative view 有洞察力的观点

境

insight ['ɪnsaɪt] n. 洞悉；洞察力

perception [pə'sepʃ(ə)n] n. 看法；感知；洞察力

---

perspective [pə'spektɪv] n. 视角；观点 adj. 透视的 per- 完全 + spect看 + -ive

spect表示"看"

spectator [spek'teɪtə(r)] n. 现场观众

spectacles ['spektək(ə)lz] n. 眼镜；精彩的表演

spectacular [spek'tækjələ(r)] adj. 壮观的，惊人的

---

permeate ['pɜːmieɪt] v. 渗透；弥漫

---

perforate ['pɜːfəreɪt] v. 打孔，穿孔

---

punch [pʌntʃ] v. 开洞，冲压

拓 punctual adj. 准时的；守时的

punctuality n. 准时性

---

pierce [pɪəs] v. 刺穿；穿透

---

poke [pəʊk] v. 戳，刺

搭 poke about/out = explore 探索

拓 probe n. & v. 调查；探究

境

acu 表示"尖，刺"

acute [ə'kjuːt] adj. 急性的；严重的；敏捷的

反 chronic adj. 慢性的；长期的

acupuncture ['ækjupʌŋktʃə(r)] n. 针灸

perspective [pə'spektɪv] *n.* 视角；观点
adj. 透视的
近 viewpoint; outlook *n.* 观点
搭 from another perspective 从另一个
　　角度
　　perspective drawing 透视图
probe [prəʊb] *n.&v.* 调查；探索
近 investigation; research *n.* 调查
　　examine; explore *v.* 探查
搭 probe into 探究，探索
真 In the author's view, Rosenberg's
　　book fails to adequately <u>probe</u> social
　　and biological factors.作者认为罗森

伯格的书未能充分<u>探究</u>社会和生物
因素。

acute [ə'kjuːt] *adj.* 急性的；严重的；敏
捷的
近 serious; keen *adj.* 严重的；敏锐的
真 Powerful memory doesn't make my
　　emotions any more <u>acute</u> or vivid. 强
　　大的记忆力并没有让我的情感更加
　　<u>强烈</u>或鲜明。
chronic ['krɒnɪk] *adj.* 慢性的；长期的
反 occasional; temporary *adj.* 偶尔的；
　　暂时的
　　acute *adj.* 急性的；严重的；敏捷的

self-test

1. 识记小测试 在认识的单词前打钩

☐ penetrative　　　☐ perception　　　☐ perforate　　　☐ acupuncture

2. 超级补漏王 根据提示，补写横线上的内容

*v.*穿透，渗透 ＿＿＿＿　　　*adj.* 有洞察力的；渗透的 ＿＿＿＿
insight ＿＿＿＿　　　perspective ＿＿＿＿
spectator ＿＿＿＿　　　spectacles ＿＿＿＿
*adj.*壮观的，惊人的 ＿＿＿＿　　　permeate ＿＿＿＿
punch ＿＿＿＿　　　*v.* 刺穿；穿透 ＿＿＿＿
v. 戳，刺 ＿＿＿＿　　　*v.* 调查；探索 ＿＿＿＿
probe ＿＿＿＿　　　*adj.*急性的；严重的；敏捷的 ＿＿＿＿
chronic ＿＿＿＿

ac- ①表示"加强"

accuse [əˈkjuːz] v. 控告；控诉

搭 accuse sb. of sth. = charge sb. with sth. 控告某人某事

例 be accused of theft and fraud 被控告盗窃和欺诈 —音近→ **curse** [kɜːs] v. 诅咒

ad- 表示"加强意义"

admonish [ədˈmɒnɪʃ] v. 告诫；警告 派 *ad-*加强 + *monish*劝告 —拓→

monk [mʌŋk] n. 僧侣；修道士
monkey [ˈmʌŋki] n. 猴子

ac- ②表示"去，临近"

accommodate [əˈkɒmədeɪt] v. 为……提供住宿；容纳

派 accommodation n. 住宿，膳宿
拓 catering n. 饮食服务，酒席承办
　　cater to/for 迎合；为……服务

表示"居住"的词

habitation [ˌhæbɪˈteɪʃn] n. 居住；住所
拓 habitant n. 居民，居住者
　　permanent resident 永久居民　permanent residence 长期居留
　　permeate v. 弥漫；扩散
dwell [dwel] v. 居住；栖身
搭 dwell on 细想；详述　dwell in 居住在
例 a desk-dwelling computer nerd 整天坐在桌前的电脑迷
形近 dwindle v. 减少，变小
　　swell v. 膨胀；肿胀
reside [rɪˈzaɪd] v. 居住在；定居于 派 *re-*回，向后 + *sid*坐 + *-e* 补充音节
拓 native n. 本地人；当地人
搭 reside in 居住；存在于
派 resident n. 居民；住户

根

sid表示"坐"

preside [prɪˈzaɪd] v. 主持，担任主持
搭 preside over 主持；负责
近 host v. 主办，主持
insidious [ɪnˈsɪdiəs] adj. 潜伏的；隐袭的
搭 insidious pleasures 暗爽

accuse [əˈkjuːz] v. 控告；控诉

搭 accuse sb. of doing sth. 指控某人做某事

真 Still, we need to be careful not to accuse opponents of bad arguments too quickly. 尽管如此，我们依然需要小心避免过早地指责对手的论点荒谬。

accommodate [əˈkɒmədeɪt] v. 为……提供住宿；容纳

搭 accommodate with 提供

真 And surely, our university will pay all volunteers expenses on meals, accommodation and transportation. 当然，（支教期间）志愿者的食宿以及交通费用都将由校方承担。

cater [ˈkeɪtə(r)] v. 提供餐饮服务；迎合

真 food service operators that cater to consumers when they don't eat at home 消费者不在家就餐时为他们提供服务的食品服务经营商

permanent [ˈpɜːmənənt] adj. 永久的，永恒的；不断出现的；长期的

近 eternal; perpetual adj. 永久的；永恒的

反 temporary; impermanent adj. 暂时的

真 Along with the many folks looking to make a permanent home in the United States came those who had no intention to stay, and who would make some money and go home. 许多人希望在美国建立永久家园，但也有人无意长留于此，打算赚些钱后便返家乡。

❶ ad- 表示"加强意义"

advocate [ˈædvəkeɪt] v. 拥护，提倡

admire [ədˈmaɪə(r)] v. 钦佩，仰慕；欣赏，观赏

❷ sid表示"坐"

president [ˈprezɪdənt] n. 总统，国家主席；董事长

resident [ˈrezɪdənt] n. 居民，住户

self-test

1. 识记小测试 在认识的单词前打钩

☐ admonish   ☐ monk   ☐ habitation   ☐ dwindle

☐ reside   ☐ insidious

2. 超级补漏王 根据提示，补写横线上的内容

curse _____   accommodate _____   catering _____

迎合；为……服务 _____   permeate _____

v. 居住；栖身 _____   dwell on _____   居住在 _____

swell _____   n. 本地人；当地人 _____   preside _____

host _____   控告某人某事 _____ = _____

第 ❾ 天

accompany [əˈkʌmpəni] *v.* 陪同；陪伴

派 accompaniment *n.* 伴奏

境

company [ˈkʌmpəni] *n.* 公司；陪伴 *v.* 陪伴
companion [kəmˈpænjən] *n.* 旅伴；伴侣；陪伴

account [əˈkaʊnt] *n.* 账目；账单 *v.* 解释；占（一定数量或比例）

搭 account for 对……做出解释；导致；（比例）占
= explain *v.*
a first-hand account 一手报道
take sth. into account 考虑某事 = take sth. into consideration

拓 count on sb./sth. 指望某人/某物
accountant *n.* 会计，会计师

accredit [əˈkredɪt] *v.* 把……归于；委托　　派 *ac-*来 + *cred*相信, 信任 + *-it*

拓 an accredited ambassador 特派大使

↓拓

ambassador [æmˈbæsədə(r)] *n.* 大使；使节
拆 *amb*行走 + *ass* + *ador*　　——根拓→

↓形近

embarrass [ɪmˈbærəs] *v.* 尴尬，窘迫
拓 an embarrassing moment 一个尴尬的时刻
派 embarrassment *n.* 尴尬，难堪

cred 表示"相信，信任"

credit [ˈkredɪt] *n.* 信用，信贷 *v.* 把钱存入（账户）；信任
credible [ˈkredəbl] *adj.* 可信的；可靠的
credibility [ˌkredəˈbɪləti] *n.* 可信性；可靠性

am 表示"爱"

amiable [ˈeɪmiəb(ə)l] *adj.* 和蔼可亲的
amour [əˈmʊə(r)] *n.* 恋情；风流韵事
拓 **affection** [əˈfekʃn] *n.* 喜爱；钟爱
an affectionate hug 一个深情的拥抱

company ['kʌmpəni] *n.* 公司；陪伴 *v.* 陪伴

近 corporation; establishment; firm; incorporation *n.* 公司

派 companion *n.* 旅伴；伴侣；陪伴

搭 in company 一起；当众

company with 与……一起

count [kaʊnt] *v.* （按顺序）计数；把……算入；*n.* 计算；事项

搭 count on 指望；依靠

count as 视为；算是；看成

真 Homework may no longer <u>count for</u> more than 10% of a student's academic grade. 家庭作业在学生学业成绩中所<u>占</u>比例不得超过10%。

credit ['kredɪt] *n.* 信用，信贷 *v.* 把钱存入（账户）；信任

近 faith; reputation *n.* 信用，信誉

派 creditable *adj.* 高尚的；声誉好的；值得称赞的

拓 creditworthy *adj.* 信誉卓著的，有信誉的

真 Once a discovery claim becomes public, the discoverer receives intellectual <u>credit</u>. 一旦某发现的声明被公开，发现者就会获得学术<u>赞誉</u>。

credibility [ˌkredə'bɪləti] *n.* 可信性；可靠性

近 authenticity; trustworthiness *n.* 可信性；确实性

搭 give credibility to 相信

self-test

1. 识记小测试 在认识的单词前打钩

☐ accredit　　☐ credible　　☐ credibility　　☐ accredit

☐ amour

2. 单词连连看 把单词和对应的英文释义配对

ambassador		Ⓐ disposed to please
amiable		Ⓑ a diplomat of the highest rank; accredited as representative from one country to another
affection		Ⓒ a positive feeling of liking

3. 超级补漏王 根据提示，补写横线上的内容

v. 陪同；陪伴 ＿＿＿＿　　company ＿＿＿＿　　*n.* 旅伴；伴侣；陪伴 ＿＿＿＿

account ＿＿＿＿　　　　　credit ＿＿＿＿　　　　　*v.* 尴尬，窘迫 ＿＿＿＿

an embarrassing moment ＿＿＿＿＿＿＿＿　　　account for ＿＿＿＿＿＿＿＿

考虑某事 ＿＿＿＿＿＿＿＿＿＿ ＝ ＿＿＿＿＿＿＿＿＿＿

第 ⑨ 天

accumulate [əˈkjuːmjəleɪt] v. 积累；积聚　*ac-*去 + *cumul* 堆，积累 + *-ate* 动词词尾

近 **collect** [kəˈlekt] v. 收集；采集

派 collective *adj.* 集体的；共有的
　　collectivism *n.* 集体主义
　　反 individualism *n.* 个人主义
gather [ˈɡæðə(r)] v. 聚集；集合
拓 divide by 除以；用……除
　　multiply by 乘以；乘上

cum表示"块，堆"

cumber [ˈkʌmbə(r)] v. 阻碍，妨害
encumber [ɪnˈkʌmbə(r)] v. 妨碍；阻碍
succumb [səˈkʌm] v. 屈服；屈从
搭 succumb to 屈服于

---

assemble [əˈsembl] v. 集合；收集　*as-* 临近 + *sem* 相同 + *-ble*

sem表示"相同"

assembly [əˈsembli] *n.* 集会，集会者
resemble [rɪˈzemb(ə)l] v. 看起来像；显得像

境

Assembly *n.* 市政议会
Parliament *n.* 英国议会；国会
upper house/chamber 上议院
lower house/chamber 下议院
= the House of Commons 下议院
Congress 美国国会；议会
House of Representatives 众议院
senate *n.* 参议院
senator *n.* 参议员
constitution [ˌkɒnstɪˈtjuːʃ(ə)n] *n.* 宪法；章程
拓 constitute v. 组成，构成

accumulate [əˈkjuːmjəleɪt] *v.* 积累；积聚

近 collect *v.* 收集；采集

派 accumulator *n.* 计算器

    accumulation *n.* 积聚，累积；堆积物

assemble [əˈsembl] *v.* 集合；收集

近 concentrate; collect; gather *v.* 集合，聚集

resemble [rɪˈzemb(ə)l] *v.* 看起来像；显得像

近 look like; mirror; be similar to 像；类似

真 The robot was the same size as a regular rat but resembled a simple plastic box on wheels. 该机器鼠与普通老鼠的大小相同，而外观像一个带轮子的简易塑料盒。

constitute [ˈkɒnstɪtjuːt] *v.* 组成，构成

近 establish; form *v.* 建立；组成

派 constitutive *adj.* 基本的；本质的

    constitution *n.* 宪法；章程

真 But while young and old mostly agree on what constitutes the finish line of a fulfilling life, they offer strikingly different paths for reaching it. 但是，尽管年轻一辈和老一辈就成功人生终点线的构成内容上大体达成共识，但他们却提供了截然不同的到达终点线的路径。

第 ⑨ 天

---

self-test

1. 识记小测试 在认识的单词前打钩

☐ cumber   ☐ encumber   ☐ succumb   ☐ individualism

☐ semble   ☐ assembly   ☐ constitution

2. 超级补漏王 根据提示，补写横线上的内容

v. 积累；积聚 _____   collect _____   *v.* 聚集；集合 _____

assemble _____   除以；用……除 _____

multiply by _____   resemble _____   Assembly _____

Parliament _____   Congress _____   *n.* 参议院 _____

n. 参议员 _____   House of Representatives _____

upper house/chamber _____

af- 表示"加强"

affected [əˈfektɪd] *adj.* 做作的；被影响的

反 unaffected *adj.* 未受影响的；无动于衷的
natural *adj.* 自然的；天然的

affection *n.* 喜爱；钟爱

拓 devotion *n.* 挚爱，忠诚
dedication *n.* 献身；奉献

搭 show/extend/display one's affection to sth. 表达某人对某事物的喜爱
= be fond of = take a fancy to 喜欢
gain one's affections 获得某人的喜欢

派 affectation *n.* 假装；做作
affectionate *adj.* 表达爱意的，深情的

搭 give sb. an affectionate embrace/hug 深情地拥抱某人

境
拓 **selfish** [ˈselfɪʃ] *adj.* 自私的
ego [ˈiːgəʊ] *n.* 自负；自我
egoistic [ˌiːgəʊˈɪstɪk] *adj.* 自私自利的
egoism *n.* 利己主义

反 selfless *adj.* 无私的，忘我的
altruistic *adj.* 利他主义的，无私的
altruism *n.* 利他；利他主义

affirm [əˈfɜːm] *v.* 断言，证实

近 allege *v.* 断言，指称
assert *v.* 坚称，断言

根 *al-* 加强 + *lege* 提出

拓 certainty *n.* 确实，确定性

al- 表示"加强"

allegation [ˌæləˈgeɪʃn] *n.* 说法，指控
allegiance [əˈliːdʒəns] *n.* 忠诚，效忠

境
loyalty [ˈlɔɪəlti] *n.* 忠诚；忠实

搭 declare one's allegiance/loyalty to 宣告对……的忠诚

例 Females should never declare their allegiance to the kitchen any more. 女性不应该再被桎梏于厨房。

派 **loyal** [ˈlɔɪəl] *adj.* 忠诚的；忠实的

拓 royal *adj.* 皇家的；王室的

integrity [ɪnˈtegrəti] *n.* 诚实正直；完整

派 integrate *v.* 合并，成为一体
integration *n.* 结合；整合

extend [ɪk'stend] *v.* 延伸；持续；波及
派 extension *n.* 延长；延期
   extensive *adj.* 广泛的；大量的；广阔的
真 how far those powers extend 那些权力能延伸多远
   extend your welcome 表示欢迎

affirm [ə'fɜːm] *v.* 断言，证实
近 declare *v.* 肯定；断言
真 "The Heart of the Matter," ...deserves praise for affirming the importance of the humanities and social sciences... 《问题的核心》……值得赞扬，因为它肯定了人文与社会科学的重要性……

assert [ə'sɜːt] *v.* 坚称，断言
近 maintain; submit; advocate *v.* 坚持；主张

真 The administration was in essence asserting that... 政府当时实质上是在表明……

declare [dɪ'kleə(r)] *v.* 宣布，声明；断言
近 announce; assert; proclaim *v.* 声明，宣布
真 The Taylor decision also declared sex discrimination in jury selection to be unconstitutional and ordered states to use the same procedures for selecting male and female jurors. 泰勒案的裁决同时宣布陪审团遴选中的性别歧视为违宪行为，并命令各州采取相同程序来遴选男女陪审员。

integrate ['ɪntɪgreɪt] *v.* 合并，成为一体
派 integrated *adj.* 综合的；完整的
   integration *n.* 结合；整合
搭 integrate with 与……结合
   integrate into 成为一体

第**9**天

---

self-test

1. 识记小测试 在认识的单词前打钩

☐ devotion   ☐ dedication   ☐ egoistic   ☐ egoism
☐ affirm   ☐ assert   ☐ integrate

2. 超级补漏王 根据提示，补写横线上的内容

affected _____   self_____ *adj.* 无私的，忘我的
_____ction *n.* 喜爱；钟爱   _____oyal *adj.* 忠诚的；忠实的
_____oyal *adj.* 皇家的；王室的   affectation _____
allegation _____

afflict [ə'flɪkt] *v.* 折磨；使痛苦

affray [ə'freɪ] *n.* 斗殴，闹事

拓 riot *n.* 暴乱；骚乱
uproar *n.* 骚动；怨愤

fray [freɪ] *n.* 打斗，竞争 *v.* （使）烦躁，恼火
friction ['frɪkʃn] *n.* 摩擦；摩擦力
frenzy ['frenzi] *n.* 疯狂；狂乱
拓 fanatical *adj.* 狂热的
fury ['fjʊəri] *n.* 狂怒；暴怒
派 furious *adj.* 狂怒的；暴怒的
fuel ['fjuːəl] *n.* 固体燃料 *v.* 给……提供燃料
搭 fuel speculation/rumors/controversy 加剧投机/丑闻/争论
例 Why did you unleash all of your fuel on me? 凭什么把我当出气筒？

ignite [ɪg'naɪt] *v.* 点燃，燃烧；引发
搭 ignite the war 引发战争
拓 initiate/launch a program 启动计划

↓ 拓

controversy ['kɒntrəvɜːsi] *n.* 争论，辩论
拓 counter *v.* 反驳；驳斥
contradiction [ˌkɒntrə'dɪkʃ(ə)n] *n.* 矛盾，对立
拓 contradict *v.* 相矛盾；反驳；驳斥
cannot get along properly with... 不能与……友好相处

friction ['frɪkʃn] *n.* 摩擦；摩擦力

近 conflict *n.* 冲突；争执

派 frictional *adj.* [力] 摩擦的；由摩擦而生的

搭 friction force 摩擦力

contradict [ˌkɒntrə'dɪkt] *v.* 相矛盾；反驳；驳斥

派 contradictory *adj.* 矛盾的；反对的

搭 contradict with 与……矛盾

真 contradict both the federal and state policies 与联邦及州政策都有所矛盾

launch [lɔːntʃ] *v.* 发动，发起；开始从事

搭 launch on 开始；着手

真 That's one reason why we have launched Arc. 这正是我们创建《弧》的原因之一。

第 **9** 天

---

self-test

1. 识记小测试 在认识的单词前打钩

☐ afflict   ☐ affray   ☐ fray   ☐ friction   ☐ fuel

2. 超级补漏王 根据提示，补写横线上的内容

furious _____   _____versy *n.* 争论，辩论

_____diction *n.* 矛盾，对立   con_____ *v.* 相矛盾；反驳；驳斥

The future is simply infinite possibility waiting to happen. What it waits on is human imagination to crystallize its possibility.

——Leland Kaiser

未来就是有待发生的可能性。它等待着人类的想象力将这些可能变成现实。

——利兰·凯撒

frag, frac 表示"易碎，脆，裂""疲倦"

fracture ['fræktʃə(r)] *n.* 骨折，断裂 *v.* （使）断裂，折断

fragment ['frægmənt] *n.* 碎片；片段 [fræg'ment] *v.* （使）碎裂，破裂

fraction ['frækʃn] *n.* 少量；一点儿

搭 a fraction of affections 一点点动心

fragile ['frædʒaɪl] *adj.* 易碎的；脆弱的

近 vulnerable *adj.* 脆弱的，易受……伤害的
feeble *adj.* 虚弱的；衰弱的

搭 a feeble personality 软弱个性
make up a feeble excuse 编造蹩脚的借口
a feeble punchline 烂梗

fatigue [fə'tiːg] *n.* 疲劳；劳累 *v.* 使疲劳，使劳累 记 *fati*疲倦 + *gue*向下

近 weary *adj.* 疲劳的，疲倦的
tired *adj.* 疲倦的，累的

境

languish ['læŋgwɪʃ] *v.* 被迫滞留；长期受苦
lag [læg] *v.* 滞后；落后于
搭 jet-lag 时差综合症
get over / recover from the jet-lag 倒时差
lacerate ['læsəreɪt] *v.* 割裂；撕碎
拓 lace *n.* 花边；蕾丝 *v.* 由带子系紧

gue 表示"向下"

plague [pleɪg] *n.* 瘟疫；灾害
拓 plight *n.* 困境，窘境
intrigue [ɪn'triːg] *v.* 密谋；激起……的兴趣
拓 intriguing *adj.* 非常有趣的
= compelling = appealing
disguise [dɪs'gaɪz] *v.* 假扮，伪装 *n.* 伪装
搭 be in disguise 伪装

fracture ['fræktʃə(r)] *n.* 骨折，断裂

v.（使）断裂，折断

近 injury *n.* 伤害，损害；受伤处

搭 bone fracture 骨折

fragile ['frædʒaɪl] *adj.* 易碎的；脆弱的

反 unbreakable *adj.* 打不破的；不易碎的

搭 fragile goods 易碎商品；易碎货物

真 the fragile nature of the country's infancy 建国初期的脆弱性

vulnerable ['vʌlnərəbl] *adj.* 脆弱的，易受⋯⋯伤害的

搭 vulnerable people 弱势群体；易受伤害的人

真 leaves them vulnerable to exploitation and control 使他们很容易被利用和控制

weary ['wɪəri] *adj.* 疲劳的，疲倦的

派 wearily *adv.* 疲倦地；无聊地；厌倦地

搭 weary with 因⋯⋯而厌烦

lag [læg] *v.* 滞后；落后于

搭 lag behind 落后；拖欠

真 lag behind the others due to decreased opportunities 由于机会减少因而落后于他人

---

self-test

1. 识记小测试 在认识的单词前打钩

☐ fatigue   ☐ weary   ☐ plague   ☐ intrigue   ☐ languish

2. 超级补漏王 根据提示，补写横线上的内容

fragment _____   fraction _____

frag_____ *adj.* 易碎的；脆弱的   l_____g *v.* 滞后；落后于

_____rate *v.* 割裂；撕碎   be in _____ 伪装

fl- 表示"散，弱的"

flabby ['flæbi] *adj.* 松弛的；肥胖的；优柔寡断的

搭 flabby muscle 肌肉无力

floppy ['flɒpi] *adj.* 耷拉的；松软的

搭 a puppy with long floppy ears 耷拉着长耳朵的小狗

fluffy ['flʌfi] *adj.* 绒毛般的；覆有绒毛的

tor = ter 表示"恶化"

torture ['tɔːtʃə(r)] *v.* 拷打；拷问 *n.* 拷问；酷刑

notorious [nəʊ'tɔːriəs] *adj.* 声名狼藉的；臭名昭著的

拓 notable *adj.* 显著的；重要的
　 noticeable *adj.* 显著的；显而易见的

> **intelligible** [ln'telɪdʒəbl] *adj.* 易懂的；容易理解的
> 拓 intelligent *adj.* 有才智的；悟性强的
> 　 intellectual *adj.* 智力的；脑力的 *n.* 知识分子；脑力劳动者
> 搭 intellectual property 知识产权

negligible ['neglɪdʒəb(ə)l] *adj.* 微不足道的；不重要的

拓 neglect *v.* 忽略；忽视
　 negative *adj.* 消极的；负面的

deteriorate [dɪ'tɪəriəreɪt] *v.* 变坏；恶化；退化

拓 devastate *v.* 彻底破坏；摧毁
派 devastation *n.* 毁灭，破坏，蹂躏

> **devil** ['devl] *n.* 魔王；魔鬼
> 拓 evil *adj.* 恶毒的；邪恶的
> 搭 evil-smelling feet 气味难闻的脚

notorious [nəʊ'tɔːriəs] *adj.* 声名狼藉的；臭名昭著的

近 disreputable *adj.* 名誉不好的；不体面的

真 the chairman's notorious bad taste in ties 领导在选择领带方面的品味出了名的差劲

intellectual [ˌɪntə'lektʃuəl] *adj.* 智力的；脑力的 *n.* 知识分子；脑力劳动者

搭 intellectual support 智力支持

真 share their intellectual pursuits 分享他们对知识的追求

deteriorate [dɪ'tɪəriəreɪt] *v.* 变坏；恶化；退化

派 deteriorator *n.* 堕落者

真 a dark and deteriorating social environment 一种黯淡退化的社会环境

第 ⑩ 天

tor = ter 表示"向下的情感，恶化"

torpid ['tɔːpɪd] *adj.* 不活泼的；迟钝的；

有气无力的

---

self-test

1. **识记小测试** 在认识的单词前打钩

☐ flabby   ☐ floppy   ☐ fluffy   ☐ torture

☐ negligible   ☐ neglect   ☐ deteriorate

2. **单词连连看** 把单词和对应的英文释义配对

| devil | Ⓐ something that is very bad and harmful |

| evil | Ⓑ an evil being, often represented in human form but with a tail and horns |

3. **超级补漏王** 根据提示，补写横线上的内容

_____rious *adj.* 声名狼藉的；臭名昭著的

intell_____ *adj.* 易懂的；容易理解的

intel_____ *adj.* 有才智的；悟性强的

adj. 智力的；脑力的 *n.*知识分子；脑力劳动者 _____

exacerbate [ɪɡ'zæsəbeɪt] *v.* 使恶化；使加剧 拆 *ex-* 向外 + *acerb* 尖，酸 *+-ate*

例 Farmer migration has exacerbated the shortage of housing resources, thus elevating the housing prices.
农民的迁移加剧了住房资源的短缺，从而推高了房价。

xac = sac = sanc 表示"神圣的"

sacred ['seɪkrɪd] *adj.* 神的；神圣的
拓 saint *n.* 圣人，圣徒
sacrifice ['sækrɪfaɪs] *v.* 牺牲；献出 *n.* 牺牲；舍弃
sanctify ['sæŋktɪfaɪ] *v.* 使圣洁；使神圣化
拓 sanctity *n.* 圣洁；尊严
例 Your coming sanctifies my house. 你的到来使鄙舍蓬荜生辉。
sanction ['sæŋkʃn] *v.* 许可；准许 *n.* 制裁；处罚
近 authorize; accredit *v.* 授权
concede sth. to sb. 给予某人（权利或特权）

exasperate [ɪɡ'zæspəreɪt] *v.* 使恼怒；激怒 拆 *ex-*向外 + *asper*粗糙 *+ -ate*

sper = spir表示"气息"

respire [rɪ'spaɪə(r)] *v.* 呼吸
inspire [ɪn'spaɪə(r)] *v.* 激励；鼓舞
例 Inspire the next. 创新无极限。
派 inspiration *n.* 灵感
perspire [pə'spaɪə(r)] *v.* 出汗；排汗
派 perspiration *n.* 汗水
例 We may owe success to 99% perspiration and merely 1% inspiration. 我们把成功归功于99%的汗水和1%的灵感。
conspire [kən'spaɪə(r)] *v.* 密谋；图谋；阴谋
派 conspiracy *n.* 密谋策划；阴谋
=intrigue
prosper ['prɒspə(r)] *v.* 繁荣；兴旺
派 prosperity *n.* 兴旺；繁荣
prosperous *adj.* 繁荣的；成功的

escalate ['eskəleɪt] *v.* 不断恶化，加剧

拓 escalator *n.* 自动扶梯；电动楼梯
elevator *n.* 电梯；升降机

migration [maɪˈgreɪʃn] *n.* 迁移；移居；迁徙

📦 seasonal migration 季节性迁移

📘 problems arising from mass <u>migration</u> movements 大规模移民运动引起的问题

elevate [ˈelɪveɪt] *v.* 提拔，提升；抬起

📦 elevated train 高架列车

📘 Even better would be to help <u>elevate</u> notions. 更好的办法是帮助提升观念。

sanction [ˈsæŋkʃn] *v.* 许可；准许　*n.* 制裁；处罚

📦 legal sanction 法律制裁

📘 backed by quasi-automatic <u>sanctions</u> for governments that do not obey 对违规的政府施以准自动制裁

owe [əʊ] *v.* 欠（钱）；归因于；应该做

📦 owe sth. to sb. 把……归功于某人；欠某人某物

📘 <u>owe</u> its emergence to the culture of consumption 出现的原因是消费文化

self-test

1. 识记小测试 在认识的单词前打钩

☐ exacerbate　☐ sanctify　☐ exasperate　☐ respire
☐ perspire　☐ conspire　☐ escalate

2. 单词连连看 把单词和对应的英文释义配对

sacred　Ⓐ considered to be holy and deserving respect, especially because of a connection with a god

scared　Ⓑ to agree to do something, or to allow someone to do something

sanction　Ⓒ frightened or worried

consent　Ⓓ a strong action taken in order to make people obey a law or rule, or a punishment given when they do not obey

3. 超级补漏王 根据提示，补写横线上的内容

sac_____ce *v.* 牺牲；献出 *n.* 牺牲；舍弃

ins_____tion *n.* 灵感

pros_____ *n.* 兴旺；繁荣

Inspire the next. _____

tor = ter 表示"向下的情感, 恶化"

distort [dɪ'stɔːt] *v.* 使变形；扭曲

派 distortion *n.* 歪曲，曲解

extort [ɪk'stɔːt] *v.* 敲诈；勒索；强夺

搭 extort money from sb. 向某人敲诈钱财

派 extortion *n.* 勒索；敲诈

近 blackmail *v. & n.* 勒索；敲诈

terr 表示"土地"

territory ['terətri] *n.* 领土；版图

派 territorial *adj.* 领土的；地盘性的

例 China's sovereignty and territorial integrity should never be infringed. 中国的主权和领土完整不容侵犯。

境

reign [reɪn] *v.* 统治；当政 *n.* 统治时期，领导期

sovereign ['sɒvrɪn] *n.* 君主；元首 *adj.* 有主权的

近 autonomous *adj.* 自治的，有自治权的

派 autonomy *n.* 自治，自治权

境

inte 表示"整，全"

integrity [ɪn'tegrəti] *n.* 诚实正直；完整；完好

近 loyalty; allegiance; fidelity *n.* 忠诚；忠实

拓 allegation *n.* 说法，指控

integrate ['ɪntɪɡreɪt] *v.* （使）合并，成为一体

派 integration *n.* 结合；整合；一体化

拓 merger and acquisition 收购兼并

拓

acquire [ə'kwaɪə(r)] *v.* 获得，得到

acquisitive [ə'kwɪzətɪv] *adj.* 渴望得到的，贪婪的

近 greedy *adj.* 贪婪的，贪心的

acquired [ə'kwaɪəd] *adj.* 后天的；已获得的

反 innate *adj.* 先天的，固有的

重点强化

infringe [ɪnˈfrɪndʒ] *v.* 违背，触犯（法规）

派 infringement *n.* 侵犯；违反

搭 infringe on 侵犯；侵害；破坏

reign [reɪn] *v.* 统治；当政 *n.* 统治时期；领导期

搭 reign over 统治；盛行

真 ended his <u>reign</u> in embarrassment 尴尬地结束了他的统治

integrate [ˈɪntɪɡreɪt] *v.* （使）合并，成为一体

搭 integrate into 成为一体，融入；使……并入

integrate with 使与……结合

真 to <u>integrate</u> their work with other categories 将其自身工作与其他范畴相结合

acquired [əˈkwaɪəd] *adj.* 后天的；已获得的

搭 acquired taste 嗜好；爱好

真 jointly-<u>acquired</u> property 共同所得的财产

第⑩天

记忆拓展

❶ terr 表示"土地"

terrestrial [təˈrestriəl] *adj.* 陆地的；陆地上的；地球的

disinterment [dɪsɪnˈtɜːmənt] *n.* 挖掘；掘出物

❷ inte 表示"整，全"

integral [ˈɪntɪɡrəl] *adj.* 完整的；完备的；必需的

disintegrate [dɪsˈɪntɪɡreɪt] *v.* 碎裂；解体；分裂

self-test

1. 识记小测试 在认识的单词前打钩

□ distort　　　□ extort　　　□ reign　　　□ sovereign

□ integrity　　□ aggregate

2. 单词连连看 把单词和对应的英文释义配对

| acquire |

Ⓐ to ask for information

| require |

Ⓑ to get something

| inquire |

Ⓒ to need something or make something necessary

3. 超级补漏王 根据提示，补写横线上的内容

te＿＿＿＿tory *n.* 领土；版图　　　autonomous ＿＿＿＿

integration ＿＿＿＿　　　acquired ＿＿＿＿

greg 表示 "聚集，集中"

aggregate ['ægrɪgeɪt] *v.* 总计；集合，聚集 ['ægrɪgət] *adj.* 总计的 *n.* 总数

搭 aggregate score 总分

> herd *n.* 兽群；人群 *v.* 放牧
> 形近 herb *n.* 药草，香草

gregarious [grɪ'geəriəs] *adj.* 交际的；合群的；群居的

搭 a gregarious lady 社交花

beautiful ['bjuːtɪf(ə)l] *adj.* 美丽的；美好的
glamour ['glæmə(r)] *n.* 吸引力，魅力
派 glamorous *adj.* 迷人的，富有魅力的
grace [greɪs] *n.* 优美，优雅
派 graceful *adj.* 优美的，优雅的
gracious ['greɪʃəs] *adj.* 和蔼的，慈祥的
近 amiable *adj.* 和蔼可亲的；亲切友好的

segregate ['segrɪgeɪt] *v.* 使隔离，使分开

派 segregation *n.* 隔离并区别对待，隔离政策
拓 segment *n.* 部分，片段 *v.* 分割；划分
　 separate *v.* （使）分开，分离

exaggerate [ɪg'zædʒəreɪt] *v.* 夸大，言过其实

搭 exaggerate the situation/plot 夸大形势/情节
例 It goes with no exaggeration to say that accompanied by the economic prosperity is the terrible sacrifice of our living condition. 毫不夸张地说，伴随着经济繁荣的是对我们生存环境的可怕牺牲。

exaggerate [ɪɡˈzædʒəreɪt] *v.* 夸大，言过其实

派 exaggerated *adj.* 夸张的，言过其实的

exaggeratedly *adv.* 夸张地

exaggeration *n.* 夸张；夸大之词

真 exaggerate their product quality 夸大他们的产品质量

accompany [əˈkʌmpəni] *v.* 陪同；与……一起发生

派 accompaniment *n.* 伴奏；伴随物

搭 accompany with 伴随着，兼带着；陪……同行

accompany by 随行，伴奏；在……的陪同下

---
self-test

1. 识记小测试 在认识的单词前打钩

☐ segment ☐ aggregate ☐ gregarious ☐ beautiful ☐ glamour
☐ grace ☐ gracious

2. 超级补漏王 根据提示，补写横线上的内容

s___gr___g___te *v.* 使隔离，使分开

ex___g___ate *v.* 夸大，言过其实

It's so easy to be careless, but it takes curse and courage to take cares.

——*Detachment*

想要不在乎太容易了，但要有无穷的勇气才能学会在乎。

——《超脱》

al- 表示"来，临近；方向"

alienate ['eɪliəneɪt] *v.* 使疏远；使不友好；离间

派 alien *adj.* 陌生的；不熟悉 *n.* 外国人；外侨

搭 be alienated from 与……疏远

例 She is alienated from punishment due to the shell of bureaucrat. 由于官僚主义的保护，免除了对她的惩罚。

> **bureau** ['bjʊərəʊ] *n.* 局，处，科
> **bureaucracy** [bjʊə'rɒkrəsi] *n.* 官僚制度，官僚机构
> **bureaucratic** [ˌbjʊərə'krætɪk] *adj.* 官僚的，官僚政治的

ally [ə'laɪ] *v.* 结盟

派 alliance *n.* 结盟，联盟

近 unify *v.* 统一；使成一体

派 unification *n.* 联合，统一

allay [ə'leɪ] *v.* 减轻；使缓和

拓 level off 趋平；呈平稳状态

la- 表示"蛰伏的，潜在的"

latent ['leɪtnt] *adj.* 潜在的；潜伏的

派 latency *n.* 潜伏；潜在因素

lament [lə'ment] *v.* 哭泣，哀悼

派 lamentation *n.* 悲痛，悲叹

拓 moan *v.* 呻吟，呜咽
　groan *v.* 呻吟，叹息

126

alien ['eɪliən] *adj.* 陌生的；不熟悉 *n.* 外国人；外侨

派 alienation *n.* 异化；疏远

搭 alien from 相异的

真 the "standard templates" of the newsroom seem <u>alien</u> many readers 许多读者对新闻编辑部的"标准模板"感到<u>陌生</u>

level ['levl] *v.* 使平整；推倒，夷平

反 unsteady *adj.* 不稳定的；摇摆的；不规则的

拓 leveling *n.* [测] 水准测量

well off 富有的，走运的

近 fortunate *adj.* 交好运的；幸运的

搭 be well off 生活过得好，处境良好

第四天

al- 表示"来，临近；方向"

alter ['ɔːltə(r)] *v.* （使）改变，更改，改动

alternative [ɔːl'tɜːnətɪv] *n.&adj.* 可供替代（的）

---

self-test

1. 识记小测试 在认识的单词前打钩

☐ alienate　　　☐ alien　　　☐ bureaucracy　　　☐ bureaucratic

☐ ally　　　☐ layoff　　　☐ level off　　　☐ well off

☐ lamentation

2. 超级补漏王 根据提示，补写横线上的内容

bur_____ *n.* 局，处，科

alliance _____

l__t____t *adj.* 潜在的；潜伏的

be_____ from 与……疏远

Perseverance is not a long race; it is many short races one after the other.

——Walter Elliot

坚持不是长跑比赛，而是一场接着一场的短跑比赛。

——沃尔特·埃略特

考研英语高频词汇

abandon *vt.*离弃，丢弃；遗弃，抛弃；放弃

abide *vi.*(abode, abided)(by)遵守；坚持

above *adj.*上述的 *adv.*在上面 *prep.*在……之上，高于

abroad *adv.*到国外，在国外；广为流传

abrupt *adj.*突然的，出其不意的；（行为等）粗鲁无礼的

absence *n.*缺乏，不存在；缺席，不在；缺席期间

absolute *adj.*绝对的；完全的；确实的，肯定的

abundance *n.*丰富，充裕，大量；繁荣

abundant *adj.*大量（充足）的，(in)丰富（富于）的

abuse *vt.*滥用；辱骂，诋毁 *n.*滥用；恶习；弊端

academic *adj.*学院的，大学的；学术的；纯理论的

academy *n.*（高等）专科院校；协会，研究院

accelerate *v.*使加速，使增速，促进 *vi.*加快，增加

acceptance *n.*接受，接收，验收，接纳；承认，认可

accident *n.*意外遭遇；交通事故；意外（因素）

accomplish *v.*实现（计划等）；达到（目的）；完成（任务）

accumulate *vt.*堆积，积累，积聚 *vi.*累积，聚积

accuracy *n.*准确（性）；精确；准确度

accurate *adj.*正确无误的；准确的，精确的

accuse *vt.*控告，指责 *vi.*指控，指责

acknowledge *vt.*承认；接受；告知（信件等的）收到；答谢

acquaintance *n.*认识，相识，了解；相识的人，熟人

acquire *v.*获得；学到（知识等）；养成（习惯）

acquisition *n.*取得；学到；养成（习惯）；获得的东西

across *prep.*横过，越过；在……的对面 *adv.*横过，穿过

action *n.*行动，动作；作用；运转；行为；战斗

active *adj.*活跃的，敏捷的，积极的

activity *n.*活动；活力；能动性

actor *n.*男演员；演员，行动者

actual *adj.*实际的；现实的，真实的，目前的

adapt *vt.*使适应，使适合；改编；改写 *vi.*适应

addition *n.*加，加法；附加部分，增加（物）

additional *adj.*额外的，附加的，另外的

address *n.*住址；致词 *v.*向……致词；在（信封包裹等）上写姓名和地址

adequate *adj.*充足的，足够的；适当的，胜任的

adjust *vt.*调节；整顿，调整 *vi.*适应(to)；使调节

administration *n.*经营，管理，行政；行政机关，管理部门

admire *vt.*钦佩，赞赏，羡慕；称赞，夸奖

admission *n.*允许进；承认；入场费，入会费，入场券

admit *vt.*承认，供认；准许……进入，准许……加入

adolescent *n.*青少年 *adj.*青春期的，青少年的

adopt *vt.*采用，采取（态度等）；选定；收养

adult *n.*成年人 *adj.*成年的，充分长成的，成熟的

advance *n.*前进，预付 *vi.*前进，进展 *vt.*促进，推进

advanced *adj.*高级的；开明的；前进的

advantage *n.*优点，长处，有利条件；利益，好处

advertise *vt.*公告，公布；为……做广告 *vi.*登广告

advice *n.*劝告，忠告，（医生等的）意见

advise *vt.*忠告，劝告，建议；通知，告知

aerial *adj.*（在或来自）空中的，航空的 *n.*天线

affair *n.*[pl.]事务；事情（件）；（个人的）事

affect *vt.*影响；（疾病）侵袭；感动 *n.*情感，感情

affirm *vt.*断言，坚持声称；肯定；证实，确认

afford *vt.*担负得起（损失、费用、后果等），买得起

afraid *adj.*害怕的，恐惧的；犯愁的，不乐意的

agency *n.*代理（处）；代办处；[美]（政府的）机关，厅

agenda *n.*议事日程，记事册

agent *n.*代理人；代理商

aggressive *adj.*好斗的，有进取心的

agree *vi.*答应，赞同；适合，一致；商定，约定

agreement *n.*协定，协议；契约；达成协议；同意，一致

ahead *adv.*在前面（头）；向（朝）前；提前

aid *n.*援助，救护；助手，辅助物 *vi.*援助，救援

aim *n.*目的；瞄准 *vi.*(at)目的在于 *vt.*把……瞄准

air *n.*空气；（复数）神气 *vt.*（使）通风；晾干

aircraft *n.*飞机，飞船，飞行器

airline *n.*（飞机）航线 *adj.*（飞机）航线的

airport *n.*机场，航空站，航空港

alarm *n.*惊恐；警报（器）*vt.*惊动，惊吓；向……报警

alcohol *n.*酒精，乙醇；含酒精的饮料

alien *n.*外侨，外国人；外星人 *adj.*外国的；陌生的

alike *adj.*同样的，相像的 *adv.*一样地；同程度地

alive *adj.*活着的；存在的；活跃的；(to)敏感的

allocate *v.*分配，分派；拨给

allowance *n.*补贴，津贴；零用钱；减价，折扣；允许

alone *adj.*单独的，孤独的 *adv.*独自地；仅仅

alongside *adv.*在旁边 *prep.*和……在一起；在……旁边

alphabet *n.*字母表；初步，入门

already *adv.*已，已经，早已

alter *vt.*改变，更改 *vi.*改变，变化

alternative *n.*二选一；供选择的东西；

取舍 *adj.*二选一的

altogether *adv.*完全，总之，全部地；总共；总而言之

amateur *adj.&n.*业余（水平）的（运动员、艺术家等）

amaze *vt.*使惊奇，使惊愕；使困惑 *vi.*表现出惊奇

ambiguous *adj.*引起歧义的，模棱两可的，含糊不清的

ambition *n.*对（权力等）的强烈欲望，野心，雄心

amount *n.*总数，数量；数额 *v.*共计；等同，接近(to)

analysis *n.(pl.)(=analyses)*分析；分解

ancestor *n.*祖宗，祖先；先驱

ancient *adj.*古代的，古老的

announce *v.*正式宣布；发表；通告；广播（电台节目）

annoy *vt.*使恼怒，使生气；打扰 *vi.*招人讨厌

annual *adj.*每年的，一年生的 *n.*年刊；一年生植物

anticipate *vt.*预料；期望；预先考虑；抢先；提前使用

anxiety *n.*挂念，焦虑，焦急，忧虑；渴望，热望

anxious *adj.*焦虑的，担心的；急于（得到的），渴望的

anyone *pron.*（用于疑问句、否定式）任何人

anything *pron.*任何东西（事物）；无论什么东西（事物）

anyway *adv.*不管怎么说，无论如何；不论以何种方式

anywhere *adv.*无论哪里；（用于否定、疑问等）任何地方

apart *adv.*分离，离开，隔开 *adj.*分离的，分隔的

apartment *n.*[英]房间，套间；[美]公寓

apology *n.*道歉，认错，辩解，辩护

apparatus *n.*器械，器具，仪器；机构，组织

apparent *adj.*表面上的，貌似真实的；显然的，明明白白的

appeal *vi.*呼吁，恳求；申诉 *n.*呼吁；申诉，吸引力

appear *vi.*出现，出场；问世；仿佛出版，发表

appearance *n.*出现，露面；外表

apple *n.*苹果

application *n.*申请，申请书；应用，实施，实用性

apply *vi.*（以书面形式）申请；请求 *vt.*应用；实施

appointment *n.*约会，约定；任命，委派；委任的职位

appreciate *vt.*为……表示感激，感谢；欣赏，赏识，评价

approach *v.*靠近，接近 *n.*接近；途径，入门；方式，方法

appropriate *adj.*适当的，恰当的，特有的 *vt.*拨给，挪用，盗用

approval *n.*批准，通过；赞成，同意

approve *v.(of)*赞成，同意；批准，审议，通过

approximate *adj.*近似的 *vi.(to)*接近

architecture *n.*建筑，建筑学；建筑式样或风格，建筑物

arise *v.*出现，发生；(from)由……引起，由……产生

arm *n.*手臂，扶手，臂状物 *v.*武装；配备

army *n.*军队，陆军，军；大群，大批

arouse *vt.*唤醒，叫醒；唤起，激起

arrange v.安排；整理，使有条理，排列，布置

arrest n.逮捕，扣留 vt.逮捕，扣留；阻止；吸引

arrival n.到达，到来；到达者，到达物

arrive vi.到达；（时间、事件）到来，发生；达到

art n.艺术；技术，技艺；文科，人文科学

article n.文章，论文；条款，条文；物件；冠词

artificial adj.人工的，人造的，人为的；假的，做作的

artistic adj.艺术（家）的，美术（家）的；善于艺术创作的

aside adv.在旁边，到一边

aspect n.样子，外表，面貌；（问题等的）方面

aspire vi.(to, after)渴望，追求，有志于

assemble vt.集合，召集；装配；收集 vi.集合，聚集

assembly n.集合；会议；装配；（美）州议会的众议院

assert vt.断言，宣称；坚持；主张（权利、权威等）

assess vt.（为征税）评估（财产、收入）；征税；评价

asset n.(pl.)资产，财产；有价值的物品；天赋

assign vt.派给，分配；选定，指定（时间、地点等）

assignment n.分配，指派；（指定的）作业，（分派的）任务

assist vt.协助，帮助，促进 vi.帮忙，参加

assistance n.协作；援助；帮助

assistant adj.帮助的，辅助的 n.助手，助教；辅助物

associate vt.联想；交往；联合；n.伙伴；adj.联合的

association n.联盟，协会，社团；交往，联合；联想

assume vt.假装；假定，设想；承担；呈现；采取

assumption n.假定，设想；采取；承担；推测；假装

assure vt.使确信，使放心(of)；向……保证

astonish vt.使惊讶，使吃惊

astronomy n.天文学

athlete n.运动员，体育家，身强力壮的人

atmosphere n.大气（层）；空气；气氛，环境；大气压

attack v./n.攻击，抨击；着手，开始 n.（病）发作

attain vt.达到；完成；获得 vi.达到

attempt vt.企图，试图 n.努力，尝试，企图

attend vt.出席，参加；照顾，护理 vi.注意；侍奉

attendance n.出席；出席人数；护理，照料

attract vt.引起……的注意（或兴趣等），吸引；引起；激起

attractive adj.吸引人的，引人注意的；漂亮的，迷人的

attribute v.(to)归因于，归属于 n.属性，品质，特征

audience n.听众，观众，读者；见面，会见

authority n.权力，权威；权威人士；(pl.)官方，当局

automation n.自动，自动化，自动操作

available *adj.*（用于物）可用的；可见到的，接受采访的

avoid *vt.*防止，避免；逃避，避开

away *adv.*在远处；离开；渐渐远去；一直；去掉

baby *n.*婴儿；年龄最小的人；小动物 *adj.*婴儿似的

background *n.*背景，经历；幕后

bacterium *n.(pl.)(=bacteria)* 细菌

badly *adv.*非常，严重地；坏地，差地，拙劣地

bag *n.*袋，提包 *v.*把……装入袋中；猎杀；占有

balance *v.*称，（使）平衡 *n.*天平；平衡，均衡；差额，余款

ball *n.*球（状物）；（正式的）舞会 *vt.*把……捏成球状

ban *v.*取缔，查禁；(from)禁止 *n.*禁止，禁令

bang *n.*砰砰的声音；猛击 *v.*砰地关上，猛撞，猛击

bargain *n.*廉价货；交易，契约，合同 *v.*议价，成交

basic *adj.*基本的，基础的

basis *n.*基础，根据

basketball *n.*篮球，篮球运动

battle *n.*战役，战斗；斗争 *v.*战斗，斗争，搏斗

bay *n.*海湾，（港）湾

bear *n.*熊 *v.*忍受，容忍；负担；结果实，生子女

beat *n.*敲打；（心脏等）跳动 *v.*打败；（心脏等）跳动

beautiful *adj.*美的，美丽的；出色的，完美的

beauty *n.*美，美丽；美人，美丽的事物

beginning *n.*开始，开端；起源，早期

阶段

behalf *n.*利益

behave *v.*举止，举动，表现

behind *prep.*在……的背后，（遗留）在……后面；落后于

being *n.*生物，生命，存在

belief *n.*信任，相信，信念；信仰，信条

belong *v.*(to)属于，附属，隶属；应归入（类别、范畴等）

belt *n.*（皮）带，腰带；地带

besides *adv.*此外；并且 *prep.*于……之外；除……以外

bewilder *v.*使迷惑，难住

beyond *prep.*在（或向）……的那边，远于；超出

bias *n./v.*（使有）偏见，偏心，偏袒

bid *v.*祝愿；命令，吩咐；报价，投标 *n.*出众，投标

bill *n.*账单；招贴，广告；（人员、职称等的）表；钞票

billion num./*n.*（美）十亿，（英）万亿

biography *n.*传记；传记文学

biology *n.*生物学

bird *n.*鸟，雀

birth *n.*出生，诞生；出身，血统；起源；出现

black *adj.*黑（色）的；黑暗的 *n.*黑（色）；黑暗；黑人

blame *v.*责备；怪，把……归咎于 *n.*责任，过错；责备

blank *adj.*空白的，空着的；失色的 *n.*空白；表格

bless *v.*祝福，保佑

blind *adj.*盲的，瞎的；盲目的 *vt.*使失明

block *n.*大块木（石）料；街区；障碍物 *v.*阻塞，拦阻

blood *n.*血液，血；血统，血亲

bonus *n.*奖金，红利

boom *v.*迅速发展，兴旺；发出隆隆声

boost *n./ vt.*提升；增加；抬高（价格）；支援

born *adj.*出生的，产生的；天生的，十足的

boss *n.*老板，上司 *vt.*指挥，控制，发号施令

bother *vt.*打扰，麻烦 *vi.*担心，烦恼 *n.*烦恼，焦急

bottom *n.*底（部）；基础，根基；海底，湖底，河床

bound *v.*跳 *adj.*被束缚的，一定的；*n.*界限；跳跃

box *n.*盒，箱；包厢 *v.*把……装箱；拳击，打耳光

boy *n.*男孩子

branch *n.*（树）条，分支；分店；（学科）分科，部门；支流

brand *n.*商标，标记，牌子 *v.*使铭记；打火印，打烙印

break *vt.*打破；中止；违反 *vi.*破（裂）*n.*休息时间

breath *n.*呼吸，气息

bribe *n.*贿赂 *v.*向……行贿，买通

bridge *n.*桥；桥牌；鼻梁 *vt.*架桥；渡过

brief *adj.*简短的，简洁的 *v.*简短介绍，简要汇报

bright *adj.*明亮的，辉煌的；聪明的；欢快的，美好的

broad *adj.*宽的，广阔的；广大的；宽宏的，豁达的

broadcast *v./n.*广播（节目）

brown *n./adj.*褐色（的），棕色（的）

bubble *n.*泡，水泡，气泡 *v.*冒泡，起泡，沸腾

budget *n.*预算 *v.*做预算

bulk *n.*体积，容积；主体，大批，大量，大块

burden *n.*担子，重担，负担 *vt.*给予负担或麻烦

bureau *n.*署，局，司，处

bureaucracy *n.*官僚主义，官僚机构；（非民选的）委任官员

burn *v.*燃烧，烧着；烧毁；灼伤 *n.*烧伤，灼伤

bus *n.*公共汽车，总线，信息通路

busy *adj.*忙，忙碌的；热闹的，繁忙的；（电话）占线

calm *adj.*（天气、海洋等）静的 *n.*平静 *v.*（使）平静

campaign *n.*战役；运动

campus *n.*（大学）校园

cancer *n.*癌

cap *n.*便帽，军帽；盖，罩，套 *v.*覆盖于……顶端

capable *adj.*有本领的，有能力的；(of)可以……的，能……的

capacity *n.*容量，容积；能量，能力；接受力

capital *n.*首都；大写字母；资本 *adj.*主要的，大写字母的

capitalism *n.*资本主义

captive *n.*俘虏 *adj.*被俘虏的，被监禁的

capture *v./n.*捕获，俘虏；夺得，攻占

car *n.*汽车，车辆，车；（火车）车厢

carbon *n.*碳

card *n.*卡片，名片；纸牌；纸片

career *n.*（个人的）事业；专业，生涯，职业，经历

careful *adj.*小心的，仔细的；细致的，

精心的

carve v.（雕）刻

cash n.现金，现款 v.兑现，付（或收）现款

cast v.投，扔，掷，抛；铸造；投票 n.演员表

casual adj.偶然的，碰巧的；临时的，非正式的

catch v.捕捉，捕获；赶上；感染；理解，听到

cater v.满足，迎合；提供餐饮服务

caution n.谨慎；注意（事项），警告 vt.劝……小心

cautious adj.(of)小心的，谨慎的

cease v./n.停止，中止

celebrate vt.庆祝；颂扬，赞美 vi.庆祝，过节

celebrity n.名人，名流；著名，名声，名望

cell n.细胞；小房间；蜂房；电池

census n.人口普查（调查）

cent n.分（币）；百

central adj.中心的，中央的，中枢的；主要的

centre n.中心，中央，中间 vt.集中 vi.以……为中心

ceremony n.典礼，仪式；礼节，礼仪

certainly adv.一定，必定，无疑；当然，行

chain n.链（条）；(pl.)镣铐；一连串 v.用链条拴住

chair n.椅子；（会议的）主席 vt.当……的主席，主持

chairman n.主席，议长，会长，董事长

chamber n.房间，室；会议室；议院；（动物体内）腔室

chance n.机会；可能性；偶然性，运气 v.碰巧，偶然发生

channel n.海峡，水道；信道，波道；路线，途径

chapter n.章；回，篇

character n.性格，品质，特性；人物，角色；字符，（汉）字

characteristic adj.(of)特有的，独特的 n.特征，特性

characterize v.(=characterise)表示……的特性；描述……特性

charge v.索（价）；控告；充电 n.(pl.)费用，代价；电荷

charity n.慈善（团体），仁慈，施舍

charter v.租船，租车，租用飞机；n.宪章，特许状

cheap adj.便宜的；低劣的，不值钱的

chemical adj.化学的 n.(pl.)化学制品，化学药品

chemist n.化学家；药剂师

chemistry n.化学

cheque n.(=check)支票，空白支票；总收入

chief adj.主要的，首要的 n.首领，领袖

childhood n.幼年，童年

choice n.选择（机会），抉择，选择项；入选者 adj.精选的

choose v.选择，挑选；甘愿

chop v.砍，劈，斩 n.排骨，肉块

chronic adj.（疾病）慢性的；积习难改的；严重的，坏的

church n.教堂；教会，教派；（宗教的）礼拜仪式

circulate v.（使）循环，（使）流通

circumstance n.条件；情况；状况

cite v.引用，引证，举（例）

citizen n.公民；市民，居民

civil adj.公民的，市民的；民间的；民

用的

civilization *n.*(=civilisation)文明，文化

claim *v.*要求；声称；索赔 *n.*要求；断言；索赔；权利

class *n.*班，年级；种类，等级，阶级；（一节）课

classical *adj.*经典的，古典（文学）的

classify *v.*分类，分等（级）

classroom *n.*教室，课堂

clean *adj.*清洁的，干净的 *v.*除去……污垢，把……弄干净

client *n.*律师等的当事人，委托人；商店的顾客

climate *n.*气候；风气，社会思潮

climb *v./n.*攀登，爬

clinic *n.*诊所

clock *n.*钟 *vt.*记录（时间、速度等），为……计时

clone *n.*无性繁殖，克隆；复制品 *v.*克隆

close *v./n.*关；结束 *adj./adv.*近的（地）；紧密的（地）

clothes *n.*衣服（虽为复数形式，但不可数）

cloud *n.*云（状物）；遮暗物，阴影；一大群

club *n.*俱乐部，夜总会；社团；棍棒，球棒

coast *n.*海岸，海滨

code *n.*代码，代号，密码；法典，法规，规划

coincidence *n.*巧合；同时发生，共同存在；符合，一致

cold *adj.*冷的，寒冷的；冷淡的 *n.*冷，寒冷；伤风

colleague *n.*同事，同僚

collect *v.*收集，搜集；领取，接走；收（税等）；聚集，堆积

collection *n.*收藏（品），收集（物）

collective *n.*集体 *adj.*集体的，共同的

college *n.*学院，高等专科学校，大学

color *n.*(=colour)颜色；颜料；肤色 *v.*给……着色

column *n.*圆柱，柱状物；列；（报刊中的）专栏

combination *n.*结合，联合；化合

combine *v.*联合；结合；化合

comedy *n.*喜剧；喜剧性事件

comfort *n.*舒适，安逸；安慰，慰问 *v.*安慰，使舒适

comfortable *adj.*舒适的，舒服的；感到舒适的，安逸的

command *n./v.*命令，指挥，控制 *n.*掌握，运用能力

comment *n.*注释，评论，意见 *v.*(on)注释，评论

commerce *n.*商业，贸易；交际，交往

commercial *adj.*商业的；商务的；可获利的 *n.*广告节目

commission *n.*委员会；委任，委托（书），代办，佣金，手续费

commit *v.*把……交托给，提交；犯（错误），干（坏事）

committee *n.*委员会，全体委员

commodity *n.*(pl.)日用品；商品；农/矿产品；有用之物

communication *n.*通讯，传达；(pl.)通讯系统；交通（工具）

community *n.*同一地区的全体居民，社会，社区；共同体

comparative *adj.*比较的，相当的

comparison *n.*比较，对比，比喻，比拟

compass *n.*罗盘，指南针；(pl.)圆规

compel *v.*强迫，迫使

compensate *v.*(for)补偿，赔偿

compensation *n.*补偿（或赔偿）的款物；补偿，赔偿

compete *vi.*比赛；竞争；对抗

competent *adj.*有能力的，能胜任的；足够的

competitive *adj.*竞争的；好竞争的；（价格等的）有竞争力的

complain *v.*(about, of)抱怨；申诉

complaint *n.*抱怨，诉苦，怨言，控告

complement *n.*补足物；补语 *vt.*补充，补足

complete *adj.*完全的，圆满的 *v.*完成，结束，使完满

complex *adj.*复杂的；合成的，综合的 *n.*联合体

complicate *v.*使……复杂；使……难懂；使（疾病等）恶化

complicated *adj.*错综复杂的，麻烦的，难解的

comply *v.*(with)遵照，照做，应允；顺从，服从

component *n.*组成部分，成分，元件 *adj.*组成的，合成的

compose *v.*组成，构成；(of)由……组成；创作（诗歌等）

composition *n.*作品，作文，乐曲；作曲；结构，组成，成分

compound *n.*混合物，化合物 *adj.*混合的，化合的 *vt.*混合

comprehension *adj.*理解（力），领悟；包含，包含力

comprehensive *adj.*内容广泛的，总括性的，综合的

compromise *n.*妥协，折衷 *vi.*妥协 *vt.*危及，放弃（原则等）

conceive *v.*(of)设想，构思，想象；以为；怀胎，怀有

concentrate *v.*(on)集中，专心；浓缩 *n.*浓缩物

concept *n.*概念，观念，设想

concerning *prep.*关于，论及

conclude *v.*结束，终止；断定，下结论；缔结，议定

conclusion *n.*结论，推论；结尾；缔结，议定

concrete *adj.*具体的，实质性的 *n.*混凝土 *v.*用混凝土修筑

conduct *n.*行为，品行 *v.*引导；管理；指挥（乐队）；传导

conductor *n.*管理者；（汽车）售票员；领队；导体

conference *n.*（正式）会议；讨论，商谈

confidence *n.*(in)信任；信心，自信；秘密，机密

confine *vt.*限制；使不外出，禁闭 *n.*[pl.]界限，范围

conflict *n.*战斗，斗争；抵触，冲突 *v.*(with)抵触，冲突

conform *vi.*(to)遵守，适应；相似，一致，符合

confront *v.*使面临，使遭遇；面对（危险等）

confuse *v.*使混乱，混淆

confusion *n.*困惑，糊涂；混淆；混乱，骚乱

congress *n.*（代表）大会；（美国等国的）国会，议会

connect *vt.*连接；与……联系，接通（电话）*vi.*连接

connection *n.*(=connexion)联系，连接；亲戚，社会关系

conscience *n.*良心，良知

conscious *adj.*(of)意识到的，自觉的；

神志清醒的

consensus *n.*（意见等的）一致，一致同意，共识

consent *v./n.*(to)同意，赞成，答应

consequence *n.*结果，后果，影响；重要性

consequently *adv.*结果，因此，所以

conservation *n.*保存，保护，保守

conservative *adj.*保守的，守旧的 *n.*保守主义者

considerable *adj.*相当大（或多）的，可观的；值得考虑的

consist *v.*(in)在于，存在于；(of)由……组成，由……构成

consistent *adj.*(in)前后一致的；(with)一致，符合

consolidate *v.*使加固，使加强；（把……）联为一体，合并

constant *adj.*固定的，持续的，忠实的 *n.*常数，恒量

constituent *n.*选民；成分，组分 *adj.*组成的，构成的

constitute *vt.*组成，构成，形成；设立，建立，任命

constitution *n.*构成，构造，组成（方式），成分；体格；宪法

constrain *vt.*限制，约束；克制，抑制

construct *v.*建设，建造，构造；创立

construction *n.*建造，构造；建筑物，结构

consult *v.*请教，向……咨询，找……商量；查阅，查看

consume *vt.*消耗；吃完，喝光；(with)使着迷；烧毁

consumption *n.*消费（量），消耗

contact *v./n.*（使）接触，联系，交往

contain *v.*包含，容纳；容忍，抑制；

可被……除尽

contemporary *adj.*现代的，当代的；同时代的

contempt *n.*轻视，藐视；受辱，丢脸

contend *v.*竞争，斗争；坚决主张

content *n.*容量，内容，(*pl.*)目录 *adj.*(with)满足的

contest *n.*竞争，竞赛，比赛 *v.*竞争，比赛，争论

context *n.*（文章等）前后关系；（事件等的）背景

continent *n.*大陆，洲

continuous *adj.*连续的，持续的

contract *n.*（承包）合同；契约 *v.*订合同；使缩小

contrary *adj.*(to)相反的，矛盾的 *n.*反对，矛盾；相反

contrast *n.*对比，对照 *vi.*形成对比 *vt.*把……与……对比

contribute *v.*(to)贡献，捐助，捐献；投稿

contribution *n.*贡献；捐款，捐献物；投稿

controversial *adj.*引起争论的，有争议的

controversy *n.*争论，辩论，争吵

convenient *adj.*(to)便利的，方便的

conventional *adj.*惯例的，常规的

convey *v.*运送，搬运，转运；传达，传播

conviction *n.*深信，确信；定罪，判罪

cook *n.*厨师 *v.*烹调，烧煮；篡改（账目），捏造

cooperate *v.*(with)合作，协作，相配合

coordinate *adj.*同等的，并列的；坐标的 *n.*坐标 *vt.*协作，协调

cope *v.*(with)竞争，对抗；(with)对付，

妥善处理

copy *n.*抄本，摹本 *vt.*抄写；考试中抄袭

core *n.*果核；中心，核心

corporation *n.*市镇自治机关；法人；公司，企业

correct *adj.*正确的，恰当的，端正的 *v.*改正，纠正，矫正

correspond *v.*通信，(with)符合，一致；(to)相当于，对应

corrupt *v.*贿赂，收买 *adj.*腐败的，贪污的

cosmic *adj.*宇宙的；无比巨大的，无穷尽的

costly *adj.*昂贵的，价值高的，豪华的

council *n.*理事会，委员会，议事机构

counsel *v./n.*劝告，忠告 *n.*法律顾问，辩护人

count *v.*数，计算；算入；看作，认为 *n.*计数，总数

counter *n.*柜台；计数器 *adj./adv.*相反（的）*v.*反对，反击

counterpart *n.*对应的人（或物）

countryside *n.*乡下，农村

couple *n.*（一）对，双；夫妇；*v.*连接，结合

courtesy *n.*谦恭有礼；有礼貌的举止（或言辞）

cover *v.*覆盖，包括，涉及，报道 *n.*盖子，套子；（书的）封面

crack *n.*裂纹，缝隙，破裂声 *v.*（使）破裂，砸开

craft *n.*工艺，手艺，技巧；飞机，飞船

crash *v./n.*碰撞，坠落，摔坏 *n.*失败，瓦解；爆裂声

creative *adj.*有创造力的，创造性的

creature *n.*人，动物；生物

credit *v./n.*信用，信任 *n.*信用贷款，赊欠；名誉，名望

criminal *n.*罪犯，刑事犯 *adj.*犯罪的，刑事的

crisis *n.*(*pl.*)(=crises)危机，紧要关头

criterion *n.*(*pl.*)(=criteria或criterions)标准，尺度

critic *n.*批评家，评论家

critical *adj.*批评的，评论的；危急的，紧要的；临界的

criticism *n.*评论性的文章，评论；批评，指责，非难

criticize *v.*(=criticise)批评，评论

crop *n.*作物，庄稼；一批，大量

crowd *n.*人群；一群，一伙 *v.*聚集，群集；挤满，拥挤

crown *n.*王冠 *v.*为……加冕

crucial *adj.*至关重要的，决定性的

crude *adj.*天然的，未加工的；未熟的；粗鲁的，粗野的

cry *n.&v.*叫，喊，哭；（鸟兽）叫，啼，鸣，嗥

cucumber *n.*黄瓜

curb *n.*路边 *vt.*制止，抑制

cure *v.*(of)治愈，医治；矫正 *n.*治愈；痊愈；良药

curiosity *n.*好奇心

curious *adj.*好奇的，求知的，古怪的，爱挑剔的

curriculum *n.*(*pl.*)(=curricula)课程，（学校等的）全部课程

curve *n.*曲线，弯曲（物）*v.*弄弯，成曲形

custom *n.*习惯，风俗，惯例；(*pl.*)海关，关税

cut *n./v.*切，割，削；削减，删节 *n.*切

口，伤口

cycle *n.*自行车；周期，循环 *v.*骑自行车；循环

daily *adj.*每日的 *adv.*每日，天天 *n.*日报

dam *n.*水坝，水闸

damage *v./n.*损害，毁坏 *n.(pl.)*损害赔偿费

danger *n.*危险；威胁；危险事物

dangerous *adj.*危险的，不安全的

dare *v.*敢，胆敢

database *n.*(=databank)数据库

date *n.*日期，年代 *v.*注明……的日期 *n./v.*约会

dead *adj.*死的；无生命的；死气沉沉的 *adv.*完全地

debate *v./n.*争论，辩论

deceive *v.*欺骗，蒙蔽

decide *v.*决定，下决心；解决，裁决

decision *n.*决定，决心；决议；决策

declare *v.*宣布，宣告，声明；断言，宣称

decorate *v.*装饰，装潢，布置

decrease *n.*减少，减小；减少量 *v.*减少，变少，降低

deduce *vt.*(from)演绎，推断，推论

deem *v.*认为，相信

deep *adj.*深的，深长的；深奥的；强烈的

default *n.*默认，默认值；违约

defence *n.*(=defense)防御，保卫；防务工事；辩护

defend *v.*防守，保卫；为……辩护，为……答辩

defer *v.*延期；遵从

define *v.*给……下定义；阐述；阐释；限定，规定

definite *adj.*明确的；一定的；意志坚强的，立场坚定的

definition *n.*定义，解释；（轮廓影像等的）清晰度；阐明

degree *n.*程度；度数；学位；等级

delay *v./n.*耽搁，延迟

deliberate *adj.*深思熟虑的，故意的 *vt.*研讨，商讨

delight *n.*快乐，高兴 *v.*（使）高兴，（使）欣喜

deliver *v.*交付，递送；发表，表达；释放；接生

delivery *n.*递送；交付；分娩；交货；引渡

democracy *n.*民主，民主制，民主国家

democratic *adj.*民主的

dense *adj.*浓厚的，密集的，稠密的

density *n.*密集，密度，浓度

deny *v.*否认，否定；拒绝

department *n.*部，局，处，科，部门；系，学部

dependent *adj.*依靠的，依赖的，从属的；随……而定的

depress *v.*压抑，降低；使沮丧，压下

deprive *vt.*剥夺，夺去，使丧失

derive *v.*取得；导出；引申；来自；源自；出自

describe *v.*描述，形容

description *n.*描写，形容；种类

deserve *v.*应受，值得

design *v.*设计；构思；绘制 *n.*图案；企图；设计；图样

desirable *adj.*值得做的；合意的，称心的；期望得到的

desire *n.*愿望；欲望 *v.*渴望；期望

desperate *adj.*不顾一切的，铤而走险的；绝望的，危急的

despite *prep.*不管，不顾

destroy *v.*破坏，摧毁，消灭

detach *vt.*分开，分离，分遣，派遣（军队）

detail *n.*细节，详情 *v.*详述

detect *v.*察觉，发觉，侦察，探测

device *n.*装置，设备，仪表；方法，设计

devote *v.*(to)奉献，致力

die *vi.*死，死亡；（草木）枯萎，凋谢；渴望

diet *n.*饮食，食物

differ *v.*(from)与……不同；(with)与……意见不同

differentiate *v.*区分，区别；（使）不同

difficult *adj.*困难的，艰难的

difficulty *n.*困难，困境，难题

diffuse *v.*扩散；传播 *adj.*（文章等）冗长的，漫无边际的

dig *v.*挖，掘

digital *adj.*数字的；数位的；手指的 *n.*数字

dilemma *n.*（进退两难的）窘境，困境

dim *adj.*暗淡的，模糊的

dimension *n.*尺寸，尺度；维（数），度（数）

diminish *v.*缩小，减少，递减

dinner *n.*正餐，宴会

direct *adj./adv.*径直的（地）*v.*管理，指导；(at, to)指向

direction *n.*方向，方位；指令，说明

directly *adv.*直接地，径直地；马上，立即

director *n.*指导者，主任，导演

disable *vt.*使残废；使失去能力

disappear *v.*不见，消失

discard *vt.*丢弃，抛弃，遗弃

discipline *n.*纪律；学科

disclose *v.*揭示，泄露

discourage *v.*使泄气，使失去信心

discovery *n.*发现；被发现的事物

discriminate *v.*区别，辨别；(against)有差别地对待，歧视

discuss *vt.*讨论，商议

disease *n.*疾病

disgrace *n.*失宠，耻辱 *v.*使失宠；玷辱，使蒙羞

disguise *n./v.*假装，伪装

dismiss *v.*免职，解雇，开除，解散

disorder *n.*混乱，杂乱；骚乱；失调，疾病

display *v./n.*陈列，展览，显示（器）

disposition *n.*排列，部署；性格倾向；倾向，意向

dispute *n.*争论，争执 *v.*争论，辩论；反驳；怀疑；阻止

disregard *vt.*不理会；忽视；漠视 *n.*忽视；漠视

dissolve *v.*（使）溶解，（使）融化；解散，取消

distance *n.*距离，间隔，远方，路程

distant *adj.*远的；遥远的；疏远的；不亲近的

distinct *adj.*清楚的，明显的；(from)截然不同的

distinction *n.*区别，差别；级别；特性；声望；显赫

distinguish *v.*(from)区别，辨别；辨认出；使杰出

distract *v.*分散；使分心；打扰；使心情烦乱

distribute *v.*分发；分配；分布；配（电）；(over)散布

diverse *adj.*多种多样的，(from)不同的

divert *vt.*使转向，使改道；转移（注意力）；使娱乐

divide *v.*分，划分，分开；分配；(by)除

division *n.*分，分割；部门，科，处；除法；分界线

divorce *v./n.*离婚，分离

doctor *n.*医生；博士 *vt.*授以博士学位；诊断；修改

dollar *n.*美元

dome *n.*圆屋顶

domestic *adj.*家里的；本国的；驯养的

dominate *v.*支配，统治，控制；占优势

donate *vt.*捐赠（金钱等）；赠予

doubt *n./v.*怀疑，疑虑

draft *n.*草稿，草案，草图 *v.*起草，草拟

drama *n.*剧本，戏剧；戏剧性事件或场面

dramatic *adj.*戏剧的，戏剧性的；剧烈的

drastic *adj.*激烈的，严厉的；（药性等）猛烈的

draw *v.*拉；画；汲取；引出；(to)挨近 *n.*平局；拖曳

dream *n./v.*梦，梦想，幻想

dress *n.*服装，童装，女装 *v.*穿衣，打扮

drift *v./n.*漂，漂流（物）

drink *v.*(=drank, drunk)喝，饮 *n.*饮料；喝酒

drive *v.*开（车）；驱；驱动，把（钉，桩）打入 *n.*驾驶

driver *n.*驾驶员

drop *n.*滴；落下；微量 *v.*落下；下降；失落

dry *adj.*干（旱）的；干渴的；枯燥 *vt.*使干燥，晒干

due *adj.*(to)应支付的；（车、船等）预定应到达的

durable *adj.*持久的，耐久的

duty *n.*义务，责任；职务；税

dynamic *adj.*动力的，电动的；有生气的

eager *adj.*(for)渴望的，热切的

earn *v.*赚得，挣得，获得

ease *v.*减轻；使舒适，使安心 *n.*容易；舒适，悠闲

east *n.*东，东方，东部 *adj.*东方的，东部的

easy *adj.*容易的，不费力的，安逸的，宽裕的

eat *vt.*吃，喝 *vi.*吃饭，吃东西

economics *n.*经济学，经济情况

edit *v.*编辑，校订

edition *n.*版，版本，版次

editor *n.*编辑，编者

educate *v.*教育，培养，训练

effective *adj.*有效的，生效的；被实施的；给人深刻印象

efficiency *n.*效率；功效

efficient *adj.*有效的，效率高的；有能力的，能胜任的

effort *n.*努力；成就；艰难的尝试

eighty *num./adj.*八十

either *adv.*也（不）*pron.*两者之一 *adj.*（两者中）任一的

elaborate *v./adj.*精心制作（的）；详细阐述（的）

electricity *n.*电，电流；电学

electronic *adj.*电子的

elegant *adj.*优雅的；端庄的；雅致的

element *n.*元素；要素；成分；元件

elementary *adj.*初步的；基本的；[化]元素的

elevate *vt.*举起，提拔，振奋，提升……的职位

eliminate *vt.*除去；淘汰；排（删，消）除；削减（人员）

elite *n.*精华；精锐；中坚分子

else *adv.*其他，另外，别的；[与or连用]否则

elsewhere *adv.*在别处，向别处

embarrass *vt.*使困窘，使局促不安；阻碍，麻烦

embody *vt.*具体表达，使具体化；包含，收录

emerge *vt.*显现，浮现；暴露；形成

emotion *n.*情绪，情感，感情

emphasis *n.*强调，重点

emphasize *v.*(=emphasise)强调

employ *n./v.*雇用；用，使用

employee *n.*雇工，雇员

employer *n.*雇主

employment *n.*雇用；使用；工作，职业

empty *adj.*空的；空洞的 *v.*倒空，使……成为空的

enable *v.*使能够，使成为可能；授予权利或方法

encounter *n./v.*遇到，遭遇

encourage *v.*鼓励，怂恿

endure *v.*忍受，持久，持续

energy *n.*活力，精力；能，能量

enforce *v.*实施，执行；强制；支持，坚持（要求、主张等）

engage *v.*(in)从事，着手；约定；使订婚；保证；雇用

engagement *n.*约会，约定；婚约，订婚

engineer *n.*工程师

engineering *n.*工程学

enhance *v.*提高，增强

enjoy *vt.*享受……的乐趣；欣赏；喜爱

enlarge *vt.*扩大，放大，增大

enlighten *v.*启发，启蒙，教导

enormous *adj.*巨大的，庞大的

enough *adj.*(for)足够的 *n.*足够，充分 *adv.*足够地

enroll *v.*(=enrol)招收；登记；入学；参军；成为会员

ensure *v.*确保，保证；使安全

entail *vt.*使承担；需要；把（疾病等）遗传给；限定

enter *vt.*进入；参加，加入；写入 *vi.*进去，进来

enterprise *n.*事业，企（事）业单位；事业心，进取心

entertain *v.*招待，款待；使娱乐；使欢乐；容纳，接受

entertainment *n.*招待，款待；娱乐

entire *adj.*完全的，全部的，完整的

entitle *v.*给以权利（或资格）；给……称号（题名）；授权

entrance *n.*入口，门口；进入；入学，入会

entrepreneur *n.*[法]企业家，主办人

entry *n.*进入，入口；通道

envy *v./n.*羡慕，忌妒

epidemic *adj.*流行性的；传染的 *n.*流行病；传播

equal *adj.*相等的；胜任的 *n.*相等的事务；对手 *v.*等于

equality *n.*同等；平等；相等；等式；等同性

equip *v.*(with)装备，配备；训练

equipment *n.*设备，器材，装置；才能

equivalent *adj.*(to)相等的，等价的 *n.*相等物，等价物

era *n.*时代，年代，阶段，纪元

error *n.*错误，过失

escape *n.*逃跑，逃脱 *v.*逃跑；避开，避免

essay *n.*文章，短文

essential *adj.*本质的，基本的；净化的 *n.*本质；要素

esteem *n.*尊敬，尊重 *vt.*尊重，敬重；把……看作

estimate *v./n.*估计，估价；评估

evaluate *v.*估价，评价；求……的值

event *n.*事件，事情

eventually *adv.*终于，最后

everybody *pron.*(=everyone)每人，人人

everyday *adj.*每日的，日常的

everyone *pron.*(=everybody)每人，人人，各人

everything *pron.*每件事，一切；最重要的东西

everywhere *adv.*到处，各处，无论何处

evidence *n.*明显；显著；根据；证据；迹象

evil *adj.*邪恶的，罪恶的 *n.*邪恶，罪恶

evolution *n.*进化，演变，发展，进展

evolve *v.*（使）发展；（使）进化；（使）进展

exact *adj.*确切的，正确的，精确的

exaggerate *v.*夸大，夸张

except *prep.*除……之外 *v.*除外；反对

exception *n.*例外，除外；反对；异议

exceptional *adj.*例外的，异常的

excess *adj.*过量的，额外的 *n.*过量；过剩；超额；无节制

excessive *adj.*过多的，过分的；额外

exchange *v./n.*(for)交换，兑换；交流，交易；交换台

exclude *v.*拒绝，把……排除在外，排斥

excuse *v.*原谅，宽恕，免除 *n.*借口，辩解

executive *n.*总经理，董事，行政负责人 *adj.*执行的，实施的

exercise *n.*练习，习题；训练，锻炼 *v.*训练，锻炼；行使

exhaust *v.*使筋疲力尽，耗尽；抽完 *n.*排气装置；废气

exhibit *v.*展出，陈列 *n.*展览品，陈列品

exist *v.*存在；生存；生活

existence *n.*存在，实在；生存，生活（方式）

expand *v.*（使）膨胀，（使）扩张；张开，展开

expansion *n.*扩张，膨胀；张开，伸展

expectation *n.*预期，期望，指望

expense *n.*花费，消费，消耗

expensive *adj.*花费的，昂贵的

experiment *n.*实验；试验 *v.*(on)进行实验；做试验

expert *n.*专家，能手 *adj.*熟练的，有经验的；专门的

explanation *n.*解释，说明

explore *v.*勘探，探测；探究，探索

explosion *n.*爆炸，爆发

export *v./n.*输出，出口 *n.*出口商品

expose *v.*(to)使暴露，受到；使曝光

exposure *n.*暴露，揭露；方向；陈列；遗弃；照射量

express *v.*表达，表示 *adj.*特快的，快速的 *n.*快车，快运

expression *n.*表达；表情；声调；腔调；榨出；措词；式；符号

extend *v.*延长，延伸；扩充；给予；提供；估价

extensive *adj.*广大的，广阔的

extent *n.*广度，宽度，长度；程度，限度

external *adj.*外部的；客观的；外国的；表面的；[医]外用的

extra *adj.*额外的，附加的 *n.*附加物，额外的东西

extract *v./n.*拔出，抽出；摘录 *n.*抽取物；精华；选集

extraordinary *adj.*非常的；格外的；意外的；离奇的；临时的

extreme *adj.*末端的，尽头的；极度的 *n.*极端；最大程度

eyebrow *n.*眉毛

face *n.*脸，面貌；表情；正面 *v.*面对着；朝，面向

factor *n.*因素，要素

factory *n.*工厂

fade *v.*褪色；衰减，消失 *n.*淡入（出）*adj.*乏味（平淡）的

fail *v.*失败，不及格；衰退，减弱

failure *n.*失败，不及格；失败者；故障，失灵；未能

fair *adj.*公平的，合理的；相当的 *n.*集市，交易会

fairly *adv.*公正地，正当地；相当

faith *n.*信任，信用；信仰，信条

faithful *adj.*守信的，忠实的，如实的，可靠的

fake *n.*假货，赝品 *adj.*假的，冒充的 *v.*伪造；伪装

fall *v.*跌倒；下降；减弱；坠落；变成，陷于 *n.*秋季

fame *n.*名声；名望；传说 *vt.*使出名

familiar *adj.*熟悉的；通晓的；亲近的 *n.*熟客；密友

famous *adj.*著名的

fantastic *adj.*(=fantastical)奇异的，幻想的，异想天开的

farm *n.*农场，饲养场 *v.*种田，经营农牧业

farmer *n.*农民，农场主

fascinate *v.*迷住，强烈吸引

fashion *n.*流行式样（或货品），风尚，风气；样子，方式

fast *adj.*快的，迅速的；坚固的 *adv.*紧紧地；迅速地

fat *adj.*多脂肪的，肥胖的；丰厚的 *n.*脂肪，肥肉

fatal *adj.*致命的，毁灭性的

father *n.*父亲；创始人，发明者；(Father)神父

favor *n.*(=favour)好感；喜爱；关切 *v.*赞成，支持，偏爱

favorable *adj.*(=favourable)赞许的，有利的，讨人喜欢的

favorite *n.*(=favourite)最喜欢的人或物 *adj.*喜爱的

fear *n.*害怕，恐惧；危险 *vt.*畏惧，害怕，担心

feasible *adj.*可行的；切实可行的；行得通的；可用的

feat *n.*功绩，伟业，技艺

feature *n.*特征；容貌；特色；特写 *v.*以……为特色

federal *adj.*联邦的；联邦制的；联合的；同盟的

federation *n.*同盟；联邦；联合；联盟；联合会

fee *n.*费（会费、学费等）；酬金

feed *v.*(on, with)喂养，饲养；(with)向……供给

feedback *n.*反馈；反应；回授

feeling *n.*感情；心情；知觉；同情

fellow *n.*人，家伙；伙伴，同事 *adj.*同

样的，同事的

female *n.*女性；女人；雌兽 *adj.*女性的；雌的；柔弱的

fertile *adj.*肥沃的，富饶的；能繁殖的

festival *n.*节日；音乐节；戏剧节 *adj.*节日的；快乐的

fever *n.*发热，狂热

fiction *n.*虚构，编造；小说

field *n.*田野；运动场；（电或磁）场；领域，范围

fifty *num.*五十，五十个

fight *v./n.*打（仗），搏斗，斗争，战斗

figure *n.*体形；轮廓；数字；图形 *v.*描绘；计算；推测

file *n.*锉刀；文件，档案 *v.*锉

fill *v.*(with)填满，充满

film *n.*电影；胶片；薄膜，薄层 *vt.*把……拍成电影

filter *n.*滤器，滤纸

final *adj.*最终的，决定性的 *n.*结局；决赛；期末考试

finally *adv.*最后，最终；决定性地

finance *n.*财政，金融 *v.*为……提供资金

financial *adj.*财政的，金融的

fine *adj.*晴朗的，美好的，细致的 *v./n.*罚金，罚款

finish *n.*完成；结束；磨光 *v.*完成；结束；用完；毁掉

fire *n.*火；火灾，失火；炉火 *vi.*开火 *vt.*放（枪）

fit *n.*（病的）发作，痉挛 *v.*适合，试穿，安装 *adj.*合适的

five *num.*五 *adj.*五（个，只……）

fix *v.*（使）固定；修理；安装；决定；注视 *n.*困境

flag *n.*旗

flash *n./adj.*闪光（的）*v.*发闪光，闪亮；闪现

flaw *n.*裂缝；缺陷 *v.*使破裂；使有缺陷

flexible *adj.*柔韧的，易弯曲的，灵活的，能变形的

flight *n.*飞翔，飞行；航班；航程

float *n.*飘浮；漂流物 *v.*浮动；漂浮；传播；动摇

flood *n.*洪水，水灾 *v.*淹没，发大水，泛滥

floor *n.*地板，（楼房的）层

flow *v.*流，流动 *n.*流量，流速

flower *n.*花；盛时 *vi.*开花

fly *n.*飞行；苍蝇 *v.*飞行

focus *n.*焦点，（活动、兴趣等的）中心 *v.*(on)使聚集

fold *v.*折叠；合拢；抱住 *n.*褶，褶痕

folk *n.*人们；民族 *adj.*民间的

follow *v.*跟随，接着；领会；沿着……前进

fool *n.*傻子，笨蛋 *vt.*欺骗，愚弄

foot *n.*(pl.feet)脚，足；英尺；底部

forecast *v./n.*预测，预报

foreign *adj.*外国的，(to)无关的；外来的；异质的

foresee *v.*预见，预知

forest *n.*森林

forever *adv.*(for ever)永远；总是

forget *v.*忘记，遗忘

forgive *v.*原谅，饶恕

formal *adj.*正式的；形式的

former *adj.*以前的，在前的 *pron.*前者

forth *adv.*向前；向外，往外

fortunate *adj.*幸运的，侥幸的

fortune *n.*运气；命运；财产；财富

forward *adv.*(also forwards)向前 *adj.*向前的

found *vt.*建立；创立；创办

foundation *n.*基础，根本，建立；基金，基金会

four *num.*四 *adj.*四（个，只……）

fragile *adj.*易碎的，脆的，易损坏的；虚弱的，脆弱的

freedom *n.*自由；自主；免除

frequent *adj.*时常发生的，频繁的

fresh *adj.*新鲜的；无经验的

friend *n.*朋友

friendly *adj.*友好的，友爱的

frighten *v.*使惊恐

front *adj.*前面的，前部的 *n.*正面；前线，战线

frontier *n.*国境，边境；尖端，新领域

frown *v.*皱眉

fruit *n.*水果，果实；成果

fruitful *adj.*多产的，果实累累的，富有成效的

frustrate *vt.*挫败，阻挠，使灰心

fuel *n.*燃料 *vt.*给……加燃料

fulfill *v.*(=fulfil)完成，履行，实践，满足

full *adj.*(of)满的，充满的 *adj./adv.*完全，充分

fun *n.*玩笑，娱乐；有趣的人（或事物）

function *n.*功能，作用 *v.*起作用

fundamental *adj.*基础的，基本的 *n.(pl.)*基本原则，基本原理

funny *adj.*滑稽的，可笑的

further *adv./adj.*更远，更往前；进一步 *v.*促进，增进

furthermore *adv.*而且，此外

gain *v.*获得；增加 *n.*增进，增加；收益

gamble *n./v.*投机，冒险；赌博

gap *n.*缺口；差距；空白

garden *n.*（菜，花）园；公园

gas *n.*气体；煤气；汽油；毒气 *vt.*毒（死）；加油

gather *v.*聚集，聚拢，推测，推断

gaze *v./n.*凝视，注视

gender *n.*（生理上的）性；（名词、代词等的）性

gene *n.*基因

generate *vt.*产生，发生；生殖

generation *n.*产生；一代（人）

genetic *adj.*遗传（学）的 *n.[-s]*遗传学

genius *n.*天才

geology *n.*地质（学）

giant *n.*巨人 *adj.*巨大的

gift *n.*礼品，赠品；天赋，才能

gigantic *adj.*巨大的，庞大的

girl *n.*少女，姑娘，女孩；女职员

glass *n.*玻璃；玻璃杯；镜子；*(pl.)*眼镜

glimpse *n./v.*一瞥，瞥见

global *adj.*球形的；全球的，全世界的；全面的

globe *n.*球体，地球仪；地球，世界

glory *n.*光荣，荣誉

goal *n.*目的，目标；球门；进球

God *n.*上帝（小写god泛指所有的"神，神像"）

golden *adj.*金黄色的；贵重的，极好的

goods *n.(pl.)*货物，商品

govern *v.*统治，管理；决定，支配

governor *n.*统治者，管理者，总督，州（省）长

grade *n.*等级，级别；年级；分数 *v.*分等，分级

gradual *adj.*逐渐的，逐步的

graduate *n.*大学毕业生，研究生 *v.*大学毕业

grammar *n.*语法，语法书

grant *v.*同意，准予；授予 *n.*授予物；津贴

grasp *v./n.*抓住，抓紧；掌握，领会

gravity *n.*重力，引力；严肃，庄重

green *adj.*绿色的；生的；未成熟的 *n.*绿色；蔬菜；植物

grip *v./n.*紧握，抓紧；掌握

gross *adj.*总的，毛（重）的；粗鲁的，粗俗的 *n.*总额

ground *n.*地，地面，土地；场地，场所；理由，根据

guarantee *n.*保证，保证书 *v.*保证，担保

guard *v./n.*保卫，守卫，提防 *n.*哨兵，警卫，看守

guess *v./n.*猜测，推测；以为；猜想[同] surmise

guidance *n.*引导，指导

guide *n.*领路人；指南，导游 *v.*领路；指导；支配；管理

guideline *n.*指导方针，指导原则，准则，标准

habit *n.*习惯，习性，脾性

hair *n.*毛发，头发；绒毛

hall *n.*礼堂，会堂，门厅

handle *n.*柄，把手 *v.*处理，对待，操纵

happy *adj.*快乐的，幸福的

hard *adj.*坚硬的；结实的；困难的；难忍的；严厉的

hardly *adv.*几乎不，简直不；仅仅

harm *n./v.*伤害，损害，危害

harsh *adj.*粗糙的；（声音）刺耳的；苛刻的，严酷的

heading *n.*标题

headline *n.*大字标题，新闻标题

hear *v.*听见；审讯；(from)收到……的信；听说

heart *n.*心（脏）；内心，感情；热忱；中心，要点

heat *n.*热，热度；热烈，激烈 *v.*（给）加热，（使）变热

heaven *n.*天，天空，天堂；(Heaven)上帝，神

heavy *adj.*重的，重型的；沉重的，大量的，猛烈的

height *n.*高，高度；（常*pl.*)高地，高处

helicopter *n.*直升（飞）机

helmet *n.*头盔，钢盔

helpful *adj.*(to)有帮助的，有益的，有用的

hemisphere *n.*半球

hence *adv.*因此

here *adv.*在（到，向）这里；在这一点上

heritage *n.*遗产，继承物

hero *n.*英雄，勇士；男主角，男主人公

hesitate *v.*犹豫，踌躇；含糊，支吾

hide *v.*隐藏，躲藏；隐瞒

highlight *v.*使显著，使突出；强调 *n.*最精彩的部分

highly *adv.*高度地，很，非常；赞许地

hill *n.*小山，山岗，高地；(*pl.*)丘陵（地带）

himself *pron.*[反身代词]他自己；他本人

hinder *v.*(from)阻止，妨碍 *adj.*后面的

hire *n./v.*雇用，租借

historian *n.*历史学家

historic *adj.*有历史意义的；历史的

historical *adj.*历史的；有关历史的

hit *v.*打，击；碰撞 *n.*击中；成功而风行一时的事物

holder *n.*持有者，占有者；（台、架等）支持物

holiday *n.*假日，节日，假期，休假

holy *adj.*神圣的，圣洁的

homogeneous *adj.*同种类的，同性质的，有相同特征的

honest *adj.*诚实的，正直的，老实的

honor *n.*(=honour)尊敬，敬意；荣誉，光荣 *v.*尊敬

hope *n.*希望，期望；希望的人或事 *v.*希望，期望

horizon *n.*地平线；眼界，见识

horse *n.*马；跳马，鞍马 *v.*骑马

hospital *n.*医院

hospitality *n.*好客，殷勤，款待

host *n.*主人；旅店老板；节目主持人；一大群，许多

hostile *adj.*敌对的，敌方的，敌意的

hot *adj.*（炎）热的；辣的；急躁的；激动的；热衷的

hour *n.*小时，钟点；时刻；课时

hug *v./n.*热烈拥抱，紧抱

humanity *n.*人类，人性；(pl.)人文科学

humor *n.*(=humour)幽默，诙谐

hungry *adj.*饥饿的，渴望的

hurt *n.*伤痛，伤害 *v.*刺痛，伤害

ice *n.*冰；冰冻甜食 *vt.*冰冻，使成冰

ideal *adj.*理想的；空想的；理想主义的

identify *v.*识别，鉴别；(with)把……和……看成一样

ignorant *adj.*无知的，愚昧的；不知道的

ignore *v.*不理，不顾，忽视

ill *adj.*有病的；坏的；恶意的 *adv.*坏地；不利地

illiterate *adj.*文盲的，未受教育的

illustrate *v.*举例说明，阐明；图解

image *n.*形象，声誉；印象；像

imagination *n.*想象（力）；空想，幻觉；想象出来的事物

imaginative *adj.*富有想象力的，爱想象的

imagine *v.*想象，设想，料想

immediate *adj.*立即的，即时的；直接的

immigrant *adj.*（从国外）移来的，移民的 *n.*移民，侨民

impact *n.*冲击，碰撞；影响 *v.*影响

implication *n.*含意，暗示，暗指

imply *v.*意指，含……意思，暗示

import *v./n.*进口，输入，(pl.)进口商品；要旨，含义

importance *n.*重要，重要性

impose *v.*征（税）；(on)把……强加给

impossible *adj.*不可能的；难以忍受的，很难对付的

impression *n.*印象，感想

impressive *adj.*给人深刻印象的，感人的

improvement *n.*改进，进步，增进；改进措施

impulse *v.*推动 *n.*推动；冲动，刺激

incentive *n.*刺激；动力；鼓励；诱因；动机

inch *n.*英寸

incident *n.*事件，事变

include *v.*包括，包含，计入

incorporate *v.*合并，纳入，结合 *adj.*合并的

increasingly *adv.*不断增加地，日益

incredible *adj.*不可相信的，惊人的，不可思议的

independence *n.*独立，自主

independent *adj.*(of)独立的，自主的

index *n.*(*pl.*)(=indexes, indices)索引 *v.*附以索引

indicate *v.*指出，指示；表明，暗示

indignation *n.*愤怒，愤慨

indispensable *adj.*(to, for)必不可少的，必需的

induce *v.*引诱，劝使；引起，导致

indulge *v.*放任，纵容，沉溺；使（自己）纵情享受

industrial *adj.*工业的，产业的

inevitable *adj.*不可避免的，必然发生的

infant *n.*婴儿，幼儿

infect *vt.*传染，感染；影响（思想等）

inference *n.*推论，推理，推断

inferior *adj.*下等的，下级的；劣等的，差的 *n.*下级，晚辈

inflation *n.*通货膨胀

influential *adj.*有影响的；有权势的

inform *v.*(of, about)通知，告诉，报告

infrastructure *n.*基础结构，基础设施

inhabit *vt.*居住于，存在于；栖息于

inhabitant *n.*居民，住户

inherent *adj.*固有的，内在的，天生的

initial *adj.*最初的，开头的；词首的 *n.*词首大写字母

initiate *vt.*开始，创始，发动；启蒙

initiative *adj.*创始的，起始的 *n.*第一步，创始

inject *vt.*注射（药液等）；注入

injure *v.*损害，损伤，伤害

injury *n.*伤害，损害

ink *n.*墨水，油墨

inn *n.*小旅馆，客栈

inner *adj.*内部的，里面的；内心的

innovation *n.*改革，革新；新观念，新方法

input *n.*/*v.*输入

inside *adj.*里面的 *adv.*在里面 *n.*内部 *prep.*在……里

insist *vi.*(on)坚持要求，坚决主张，坚持

inspire *vt.*鼓舞，激起；使产生灵感

instance *n.*例子，事例，例证

instant *adj.*立即的；紧迫的；（食品）速溶的 *n.*瞬间，时刻

instinct *n.*本能，直觉，天性

institute *n.*学会，研究所；学院 *v.*设立，设置，制定

institution *n.*公共机构；协会；学校；研究所

instrument *n.*工具，仪器，器械；乐器

insurance *n.*保险，保险费，保险业

integrate *v.*(into, with)（使）成为一体，（使）结合在一起

intelligent *adj.*聪明的，明智的

intend *vt.*想要，打算，企图

interact *v.*互相作用，互相影响

interesting *adj.*有趣的，引人入胜的

interfere *v.*(in)干涉，干预；(with)妨碍，打扰

interference *n.*(in)干涉，干预；(with)妨碍，打扰

interior *adj.*内部的，里面的 *n.*内部，内地

internal *adj.*内部的，内的；国内的，内政的

internet *n.*[the ~]（国际）互联网，因特网

interpret *vt.*解释，说明；口译

intervene *v.*(in)干涉，干预；插入，介入

interview *v.*/*n.*接见，会见；采访；面试

intimate *adj.*亲密的，密切的 *n.*熟友，熟人

introduce *vt.*介绍；引进，传入

introduction *n.*(to)介绍；传入，引进；导言，导论，绪论

intuition *n.*直觉，直观

invent *v.*发明，创造；捏造，虚构

invention *n.*发明，创造，发明物

invest *vt.*投资，投入（精力、时间等）

investigate *v.*调查，调查研究

investment *n.*投资，投资额

invisible *adj.*看不见的，无形的

invite *vt.*邀请，招待

island *n.*岛，岛屿；（道路上的）交通安全岛

isolate *vt.*隔离，孤立

item *n.*条（款），项目；一则（新闻），（戏剧的）节目

itself *pron.*(it的反身代词）它自己，它本身

jam *n.*阻塞；卡住；果酱 *v.*（使）阻塞；（使）卡住不动

jet *n.*喷气发动机，喷气式飞机；喷口 *v.*喷出，喷射

join *v.*参加，加入；联合，连接；和……在一起

journalist *n.*记者，新闻工作者

journey *n.*旅行，旅程 *v.*旅行

joy *n.*欢乐，喜悦；乐事，乐趣

judge *n.*法官；裁判员；鉴定人 *vt.*审判；评论，裁判

judgement *n.*(=judgment)审判，判决；判断（力）；看法，意见

July *n.*七月

jump *v./n.*跳跃，跳动，跳过；暴涨，猛增

June *n.*六月

jury *n.*陪审团；全体评审员

justice *n.*公正，公平；审判，司法

justify *v.*证明……正当（或有理、正确），为……辩护

juvenile *n.*青少年 *adj.*青少年的，幼稚的

key *n.*钥匙；答案；关键 *adj.*主要的，关键的

kid *n.*小孩，儿童 *v.*戏弄，取笑

kill *vt.*杀死，消灭，破坏，毁灭；消磨（时间）

label *n.*标签 *v.*把……称为；用标签于；用标签标明

lack *n./v.*缺乏，不足

ladder *n.*梯子，阶梯

land *n.*陆地，土地，国家 *v.*（使）靠岸（登陆，降落）

lane *n.*小路，小巷，行车道

largely *adv.*主要地，基本上；大量地，大规模地

lately *adv.*最近，不久前

later *adv.*后来，过后

latter *adj.*后者的；后一半的，接近终了的 *n.*后者

laugh *v.*笑；(on)讥笑 *n.*笑，笑声

laughter *n.*笑，笑声

launch *v.*发射；使（船）下水，发动，开展 *n.*发射，下水

lawyer *n.*律师

lay *v.*放，搁；下（蛋）；铺设，敷设；设置，布置

layer *n.*层，层次

lead *v.*领导；领先；通向，导致 *n.*带领，引导；铅

leadership *n.*领导

leading *adj.*领导的，指导的；第一位的；最主要的

leak *v.*漏，泄漏 *n.*漏洞，漏隙；泄漏

lean *v.*倾斜，屈身；倚，靠，依赖 *adj.*

瘦的，无脂肪的

leap *v.*跳，跳跃 *n.*跳跃，飞跃

learning *n.*知识，学问；学习

left *n.*左面，左方 *adj.*左边的，左面的；在左方的

legacy *n.*遗产，遗赠；先人（或过去）留下的东西

legislation *n.*法律（规）；立法，法律的制定（或通过）

leisure *n.*空闲，闲暇

length *n.*长，长度；一段，一节，程度，范围

lesson *n.*（功）课；[*pl.*]课程；教训

lest *conj.*唯恐，免得

let *v.*让，允许，听任；设，假设；出租，租给

letter *n.*信，函件；字母，文字

level *n.*水平，水准，等级 *v.*弄平，铺平 *adj.*水平的

lever *n.*杆，杠杆，手段，途径，工具

liability *n.*责任，义务；(*pl.*)债务

liberal *adj.*慷慨的，大方的；自由的，思想开放的

library *n.*图书馆；藏书室

license *n.*(=licence)许可证，执照 *v.*准许，认可

lie *vi.*躺，平放；处于；位于；说谎 *n.*谎话

lifetime *n.*一生，终生

lift *v.*升起，举起，消散 *n.*电梯，上升

limit *n.*界限，限度，范围 *v.*(to)限制，限定

limitation *n.*限制，局限性

limited *adj.*有限的，被限制的

linguistic *adj.*语言的，语言学的

link *v.*连接，联系

list *n.*表，目录，名单 *v.*把……编列成表，列入表内

listen *vi.*倾听（与介词to并用，方可置宾语）

literacy *n.*读写能力

literally *adv.*照字面意义，逐字地；确实

literary *adj.*文学上的，文学的；精通文学的，从事写作的

literature *n.*文学，文学作品，文献，图书资料

living *adj.*活的，有生命的，逼真的 *n.*生活，生计

lobby *n.*门廊，门厅，（会议）休息厅

local *adj.*地方的，当地的；局部的

locate *v.*查出，探出，查找……地点，使……坐落于，位于

loom *n.*织布机，织机 *v.*隐现，（危险、忧虑等）迫近

lord *n.*(=Lord)上帝，主；主人，长官，君主，贵族

loss *n.*丧失，遗失；损失，亏损；失败

lot *n.*命运；场地

love *n.*爱，爱情，喜欢 *vt.*爱，热爱；喜欢

low *adj.*低，矮；低级的，下层的，卑贱的；低声的

lower *adj.*较低的，下级的，下游的 *v.*降下，放低

loyal *adj.*(to)忠诚的，忠贞的

lucky *adj.*幸运的

lump *n.*团，块 *v.*（使）成团，（使）成块

luxury *n.*奢侈，华贵；奢侈品 *adj.*奢华的，豪华的

machinery *n.*（总称）机器，机械

magazine *n.*杂志，期刊

magnificent *adj.*华丽的，高尚的，宏伟

的

mail *n.*邮件 *v.*邮寄

main *adj.*主要的，总的 *n.*总管道；干线

maintain *v.*维修，保养，坚持，主张

maintenance *n.*维修；保养；生活费用

majority *n.*多数，大多数

manage *v.*经营，处理；设法，对付；操纵，运用

management *n.*经营，管理；操纵；管理部门

mankind *n.*人类

manner *n.*方式；举止；(*pl.*)风度，礼貌

manufacture *v.*制造，加工 *n.*制造，制造业

march *v.*（使）行军，（使）行进 *n.*行军，行程

March *n.*三月（略作 Mar.）

margin *n.*页边空白；边缘

mark *n.*痕迹；记号；分数 *v.*标记；打分

marriage *n.*结婚，婚姻；结婚仪式

marry *v.*结婚，嫁，娶

mass *n.*大量，众多；团，块；(*pl.*)群众，民众

massive *adj.*大而重的，厚实的，粗大的；大规模的，大量的

master *n.*男主人；师傅；硕士 *v.*精通，控制

match *n.*火柴；比赛，竞赛；对手，配偶 *v.*匹配，相称

material *n.*材料，原料 *adj.*物质的

mathematical *adj.*数学的；数学上的

maximum *n.*最大值，极限 *adj.*最大的，最高的

may *aux.v.*可能，也许；可以，被允许；祝，愿

May *n.*五月

maybe *adv.*可能；大概；也许

meal *n.*膳食，一餐

meaning *n.*意思，意义，含义

means *n.*方法，手段

meanwhile *n.*其时，其间 *adv.*当时，与此同时

meat *n.*（食用）肉类

mechanical *adj.*机械的，由机构制成的；机械似的

mechanism *n.*机械装置，机构；机制

medal *n.*奖章，勋章，纪念章

medical *adj.*医学的，医疗的，医药的

medicine *n.*内服药，医药；医学，内科学

medieval *adj.*中世纪的，中古（时代）的，老式的

meet *n.*会，集会 *v.*遇见；会谈；迎接；满足；符合

meeting *n.*会议，集合，汇合，会见，汇合点

melt *v.*（使）融化，（使）熔化

member *n.*成员，会员

memory *n.*记忆，记忆力；回忆；存储（器）

mend *v.*修理，缝补；改正，改进

mental *adj.*精神的，思想的，心理的

mention *v./n.*提及，说起

mere *adj.*纯粹的；仅仅，只不过

merely *adv.*仅仅，只不过

merit *n.*优点，价值，功绩 *v.*值得，应得

message *n.*消息，信息

metropolitan *adj.*首都的，主要都市的，大城市的

middle *n./adj.*中间（的），当中（的）

migrate *v.*迁移，移居（国外）

mile *n.*英里

military *adj.*军事的，军用的，军队的

minimize *v.*(=minimise)使减少到最少，使降到最低

minister *n.*部长，大臣

minor *adj.*较小的；少数的 *n.*兼修学科 *v.*(in)兼修

misery *n.*痛苦，悲惨，不幸

mislead *v.*把……带错路，使误入岐途

miss *n.*小姐 *v.*思念；未击中；错过；漏掉；逃脱

missing *adj.*漏掉的；失去的；失踪的

mission *n.*使命，任务；使团，代表团

mistake *n.*错误，过失 *v.*弄错；(for)把……误认为

misunderstand *v.*误解，误会

mix *v.*使混合；混淆

mixture *n.*混合；混合物，混合剂

mobile *adj.*可动的，活动的，运动的

mock *v.*嘲笑 *adj.*假的，模拟的 *n.*(常 *pl.*)模拟考试

mode *n.*方式，式样

moderate *adj.*有节制的，中等的，适度的，温和的，稳健的

modernization *n.*(=modernisation)现代化

modest *adj.*谦虚的，有节制的

modify *v.*更改，修改，修饰

moment *n.*片刻，瞬间，时刻

monetary *adj.*金融的，货币的

money *n.*货币，钱

monitor *n.*班长；监听器，监视器 *v.*监控，监测

monopoly *n.*垄断，专卖

month *n.*月，月份

mood *n.*心情，情绪

moral *adj.*道德（上）的 *n.*寓意

moreover *conj./adv.*再者，加之，而且

morning *n.*早晨，上午

mostly *adv.*几乎全部地；主要地，大部分

mother *n.*母亲

motion *n.*运动，动；提议 *v.*提议

motive *n.*动机，目的 *adj.*发动的，运动的

motor *n.*发动机，电动机

mount *v.*登上；安装 *n.*支架，底板；（用于山名前）山峰

mouth *n.*口，嘴

movement *n.*运动，活动；移动，迁移

multitude *n.*众多，大量

muscle *n.*肌肉，体力

music *n.*音乐，乐曲，乐谱

musician *n.*音乐家，乐师

mutual *adj.*相互的，彼此的；共同的，共有的

mysterious *adj.*神秘的，可疑的，难理解的

mystery *n.*神秘，神秘的事物；神秘小说，侦探小说

name *n.*名字（称/声/义） *vt.*给……取名；列举；提名

narrow *adj.*狭窄的，狭的，狭隘的

nasty *adj.*肮脏的，卑劣的，下流的；令人厌恶的

national *adj.*民族的，国家的，国立的

native *adj.*本地的，本国的 *n.*本地人，本国人

natural *adj.*自然界的，天然的，固有的

nature *n.*自然界，大自然；性质，本性，天性

near *adj.*近的，接近的 *prep.*靠近 *adv.*接近

nearby *adj.*附近的 *adv.*在附近 *prep.*

在……附近

nearly *adv.*差不多，几乎

necessity *n.*必要性，需要；(*pl.*)必需品

negative *adj.*否定的，消极的，阴性的 *n.*负数；（摄影）底片

neglect *v./n.*忽视；疏忽，忽略

negotiate *v.*商订；谈判，洽谈，交涉

neighborhood *n.*(=neighbourhood)邻居；四邻，街道

neither *adj.*两者都不 *pron.*两者都不 *adv.*也不

nervous *adj.*神经的；神经过敏的，紧张不安的

net *n.*网，网状物 *v.*用网捕，使落网

network *n.*网状物；广播网，电视网；网络

nevertheless *conj.*(=nonetheless)然而，不过 *adv.*仍然，不过

newspaper *n.*报纸

next *adj.*紧接的，其次的 *adv.*其次；居后

night *n.*夜间；夜；晚（上）

nine *num.*九 *adj.*九（个，只……）

nineteen *num./adj.*十九

nobody *pron.*无人 *n.*小人物

noise *n.*喧闹声，噪声，吵嚷声

none *pron.*没有任何人（东西）；都不 *adv.*一点也不

nonetheless *adv.*(=nevertheless)虽然如此，但是

nonsense *n.*胡说，废话

nor *conj. / adv.*也不，也没有

norm *n.*准则，规范

normal *adj.*正常的，普通的；正规的，标准的

north *n.*北，北方 *adj.*北方的，北部 *adv.*向北方，在北方

northern *adj.*北方的，北部的

nose *n.*鼻子；（飞机、船等的）前端，突出部分

note *n.*笔记；按语，注释；钞票，纸币 *v.*记下，摘下

nothing *n.*没有东西；什么也没有；无关紧要的人或事

notice *n.*通知，通告，布告；注意，认识 *v.*注意到，注意

notion *n.*概念，想法，意念，看法，观点

novel *n.*（长篇）小说 *adj.*新奇的，新颖的

nowadays *adv.*现今，现在

nuclear *adj.*核心的，中心的；原子核的，核能的

numerical *adj.*数字的，用数字表示的

nurse *n.*护士，保姆 *v.*护理，看护

nurture *n./v.*养育，教育，教养 *n.*营养品

object *n.*物体；客体，对象；目标；宾语 *v.*(to)反对

objection *n.*(to)反对，异议，不喜欢，反对的理由

objective *n.*目标，目的 *adj.*客观的，真实的

obligation *n.*义务，责任

oblige *v.*强迫，迫使；责成；（使）感激，施恩于

obscure *adj.*暗的，朦胧的；模糊的，晦涩的

observation *n.*观察，观测，监视；(*pl.*)观察资料

observe *v.*观察，观测，注意到，监视，遵守

obtain *v.*获得，得到

obvious *adj.*明显的，显而易见的

occasion *n.*场合，时节，时刻；时机

occupation *n.*占领，占据；占用；职业，工作

occupy *v.*占，占用；占据，占领；使忙碌，使从事

occur *v.*发生，出现；想起，想到

ocean *n.*海洋

odd *adj.*奇数的；奇怪的；单只的

office *n.*办公室，办事处；职务，公职

officer *n.*官员，办事员；工作人员；军官

offspring *n.*子孙，后代；结果，产物

oil *n.*油，石油 *v.*给……加润滑油；涂油

okay *adj.*(=okey，OK，O.K.)好，行，不错 *n.*同意

onto *prep.*在……上面；到……上面

operate *v.*操作，运转，动手术

operation *n.*运转，开动，操作，手术，运算，经营

opinion *n.*意见，看法，主张

opponent *n.*对手，反对者，敌手 *adj.*对立的，对抗的

opportunity *n.*机会

oppose *v.*反对，使对立，使对抗，使相对

opposite *adj.*对面的，相对的，相反的 *n.*对立面

optimistic *adj.*乐观主义的

option *n.*选择（权），[商]选择买卖的特权

optional *adj.*可以任选的

orchestra *n.*管弦乐队

order *n.*命令；次序；定货单；等级 *v.*定制，订购

ordinary *adj.*普通的，平凡的，平常的

organic *adj.*器官的；有机的；有机体的

organization *n.*(=organisation)组织，团体，机构

organize *v.*(=organise)组织，编组

orient *n.*东方 *v.*使朝东，为……定位，使适应

origin *n.*起源，由来

original *adj.*最初的 *n.*原物，原作，原文

originate *v.*(in, from)起源，发生；首创，创造

otherwise *adv.*在其他方面 *conj.*要不然

ought *aux.*应该（使用时，之后应接to，再接动词原形）

ourselves *pron.*[反身代词]我们自己；我们亲自

outcome *n.*结果，成果

outer *adj.*外部的，外面的，外层的

outlet *n.*出路，出口；销路；发泄方法；电源插座

outline *n.*轮廓，略图；大纲，梗概 *v.*概述，略述

outlook *n.*景色，风光；观点，见解；展望，前景

output *n.*产量，输出（量）

outside *adv.*向外面 *n.*外部 *adj.*外部的 *prep.*在……外

overall *adj.*全面的，综合的

overcome *v.*战胜，克服

overturn *n.*倾覆，破灭，革命 *v.*打翻，推翻，颠倒

owe *v.*欠（债等），应向……付出，归功于

owner *n.*物主，所有者

ownership *n.*所有（权），所有制

oxygen *n.*氧，氧气

pace *n.*步，步伐，步调 *v.*踱步，用步测

pack *v.*捆扎，打包；塞满，挤满 *n.*包

裹，背包

page *n.*页，记录，事件，专栏 *vt.*给……标页码

pain *n.*痛，痛苦 *vt.*使痛苦

painful *adj.*疼痛的，痛苦的，费力的，棘手的

pair *n.*一对，一双；夫妇 *v.*配对，成对

panel *n.*面，板；控制板，仪表盘

parallel *adj.*平行的 *n.*平行线，类似，对比

parliament *n.*国会，议会

partial *adj.*部分的，不完全的；偏袒的，不公平的，偏爱的

participant *n.*参加者，参与者 *adj.*有份的，参与的

participate *v.*(in)参与，参加；分享，分担；含有，带有

particular *adj.*特殊的，个别的 *n.*详情，细节，特色

partly *adv.*部分地，不完全地，在一定程度上

partner *n.*合作者，合伙人，合股人，伙伴，舞伴，配偶

party *n.*聚会，政党，当事人 *v.*举行（参加）社交聚会

pass *v.*经/通/穿/度过；传递 *n.*通行证；考试及格

passage *n.*通过，经过；通路，走廊；（一）段落，（一）节

passenger *n.*乘客，旅客

passion *n.*热情，激情，强烈感情

passive *adj.*被动的，消极的

path *n.*小路，小径；路线

patience *n.*耐心，忍耐

patient *adj.*有耐心的，能忍耐的 *n.*病人，患者

patron *n.*赞助人；资助人；老顾客，老主顾

pattern *n.*模式，式样；图案，图样 *v.*仿制，模仿

payment *n.*支付，付款额

peak *n.*山顶，最高点 *adj.*高峰的，最高的

pearl *n.*珍珠

peculiar *adj.*古怪的，异常的；特殊的，特有的

peer *n.*同辈，同等地位的人；贵族 *v.*凝视，隐约出现

pen *n.*钢笔，围栏 *vt.*写，关入栏中

penalty *n.*处罚，刑罚，惩罚

pension *n.*养老金，年金

per *prep.*每；经，由

perceive *v.*察觉，感知；理解，领悟

percentage *n.*百分数，百分率，百分比

perfect *adj.*完善的；完全的 *v.*使完美

perform *v.*履行，执行；表演，演出；完成（事业）

performance *n.*履行，执行；表演，演出；性能

perhaps *adv.*也许，大概，恐怕

permanent *adj.*永久的

permission *n.*允许，同意

permit *v.*许可，允许 *n.*许可证，执照

persist *v.*(in)坚持，持续

personal *adj.*个人的，私人的；亲自的

personality *n.*人格，个性

personnel *n.*全体人员，全体职员；人事（部门）

perspective *n.*透视画法，透视图；远景，前途；观点，看法

persuade *v.*说服，劝说；(of)使相信

persuasion *n.*说服，说服力

petrol *n.*汽油

pharmacy *n.*药房，药剂学，制药业

phase n.阶段，状态，时期

phenomenon n.现象，稀有现象，珍品

philosopher n.哲学家，哲人

philosophy n.哲学，哲理

phone n.(=telephone)电话，电话机 v.打电话

photo n.(=photograph)照片

phrase n.短语，词语，习语

physical adj.物质的；肉体的，身体的；物理的

physician n.内科医生

physics n.物理（学）

pick v.拾，采，摘；挑选，选择

piece n.（一）件/片/篇；碎片

pilgrim n.（在国外）旅游者；朝圣者

pioneer n.先驱，倡导者，开拓者

pipe n.管子，导管；烟斗；笛

plain adj.明白的；朴素的 n.平原，旷野

planet n.行星

plant n.植物，作物；工厂 v.栽种，播种，栽培

plate n.金属板，片，盘子，盆子

platform n.平台，台；站台

plausible adj.似是而非的，似乎合理的，似乎可信的

plead v.恳求，请求；为……辩护；提出……为理由

pleasant adj.令人愉快的

please v.请；使愉快，使满意

pleasure n.愉快，快乐；乐事，乐趣

plentiful adj.富裕的，丰富的

plenty n.丰富，大量

poet n.诗人

poetry n.诗歌，诗集

poisonous adj.有毒的，恶意的，恶毒的

pole n.柱，杆；地极，磁极

policy n.政策，方针

polite adj.有礼貌的，客气的

politician n.政治家，政客

politics n.政治，政治学

pollution n.污染

pool n.水池，游泳池

poor adj.贫困的；可怜的；贫乏的；低劣的

pop adj.流行的 n.（发出）砰的一声 v.突然出现

popular adj.流行的，通俗的，大众的；广受欢迎的

population n.人口，（全体）居民

portion n.一部分，一份

pose n.姿势，姿态 v.造成，提出，摆姿势

position n.位置；职位；姿势，姿态

positive adj.肯定的，积极的，绝对的

possess v.占有，拥有

possession n.持有，拥有；所有权；所有物；(pl.)财产，财富

possibility n.可能，可能性；可能的事

possibly adv.可能地，也许

post v.贴出；公告；投寄 n.（支）柱；邮政，邮寄；职位

potential adj.潜在的，可能的 n.潜能，潜力

pound n.磅；英镑 v.（连续）猛击，（猛烈）敲打，捣碎

pour v.灌注，倾泻，涌入，倾盆大雨

poverty n.贫穷，贫困

powerful adj.强大的，有力的，有权的

practical adj.实际的，实用的

praise v.赞扬，歌颂；表扬 n.称赞，赞美

precious adj.珍贵的，贵重的

precise adj.精确的，准确的

precision n.精确，精确度

predict v.预言，预测，预告

predominant adj.(over)占优势的；主要的，突出的

prefer v.(to)更喜欢，宁愿

preferable adj.(to)更可取的，更好的

preference n.(for, to)偏爱，喜爱；优惠；优先选择

prejudice n.偏见，成见 v.使抱偏见

premier n.首相，总理

premium n.额外费用，奖金，奖赏，保险费

prepare v.准备，预备

presence n.出席，到场，存在，在

preserve v.保护，维持；保存，保藏

president n.总统，校长，会长，主席

press v.压；压榨；紧迫，催促 n.报刊，通讯社

pressure n.压，压力，压迫

presume v.假定，假设，认为，揣测

pretty adv.相当，很 adj.漂亮的，俊俏的，标致的

prevent v.(from)预防，防止，阻止

previous adj.先前的，以前的

pride n.自豪；自满；引以为傲的东西 v.使自豪

primary adj.最初的，初级的；首要的

prime adj.首要的；最好的，第一流的

principle n.原理，原则

print n.印刷，印刷品，字体 v.印刷，出版

prior adj.优先的，在前的；(to)在……之前

priority n.先，前；优先，重点，优先权

prison n.监狱

privacy n.（不受干扰）独处，隐私；私生活

private adj.私人的，个人的，秘密的

privilege n.特权，优惠，特许 v.给予优惠，给予特权

prize n.奖赏，奖金，奖品 v.珍视，珍惜

probable adj.很可能的，大概的；有希望的，可能的

procedure n.程序，手续，步骤

product n.产品，产物

production n.生产，产品，作品，（研究）成果，总产量

productivity n.生产率

profession n.职业，专业

professional adj.职业的，专门的 n.专业人员

professor n.教授

profit n.利润，收益 v.(by, from)得利，获益

profitable adj.有利可图的，有益的

profound adj.深刻的，意义深远的

progress v./n.进步，进展；前进

progressive adj.进步的，先进的；前进的

project n.方案，工程，项目 v.设计，规划

prolong v.拉长，延长，拖延

prominent adj.突起的；突出的，杰出的

promise v.允许，答应 n.承诺；希望

promising adj.有希望的，有前途的

promote v.促进，发扬；提升，提拔；增进，助长

prompt adj.敏捷的，迅速的，即刻的 v.激起，促进，推动

proof n.证据，证明

proper adj.适合的；合乎体统的

property n.财产，资产；性质，特性

proportion *n.*比例；部分

proposal *n.*提议，建议；求婚

propose *v.*提议，建议；提名，推荐；求婚

prose *n.*散文 *adj.*散文的

prospect *n.*景色；前景，前途，展望

prosperity *n.*繁荣，兴旺

protect *v.*(from)保护，保卫

protest *v./n.*主张，断言，抗议，反对

proud *adj.*(of)自豪的；引以为傲的；妄自尊大的

prove *v.*证明，证实；结果是，表明是

provided *conj.*倘若，只要，假如

province *n.*省；领域，范围

provision *n.*供应，（一批）供应品；预备；条款；(pl.)给养

provoke *v.*挑动；激发；招惹

psychology *n.*心理，心理学，心理状态

publication *n.*出版物；出版，发行

pull *v.*拉，拖 *n.*拉，拖；拉力，牵引力

punish *v.*惩罚，处罚

pupil *n.*小学生；瞳孔

purchase *v.*买，购买 *n.*购买的物品

pure *adj.*纯的，纯洁的；完全的

purpose *n.*目的，意图

pursue *v.*追赶，追踪；继续，从事

pursuit *n.*追赶，追求

push *v.*推，催逼，逼迫 *n.*推，推力；促进，推进

puzzle *n.*难题，谜，迷惑 *v.*（使）迷惑，（使）为难

qualification *n.*资格，合格；限定，条件；合格证

qualify *v.*（使）具有资格，证明合格；限制，限定；修饰

quantity *n.*量，数量；大量

quarter *n.*四分之一；季；一刻钟；(pl.)方向；(pl.)住处

queen *n.*女王，皇后，王后

quest *n.*探寻，探求；寻求，追求

queue *n.*行列，长队 *v.*(up)排队，排队等待

quick *adj.*快的；灵敏的，敏锐的 *adv.*快，迅速地

quiet *adj.*安静的，平静的 *n.*安静 *v.*使安静，平静

quit *v.*离开，退出；辞职

quite *adv.*十分，完全；相当，颇；的确，真正

quote *v.*引用，援引

race *n.*赛跑；人种，种族；属，种 *v.*赛跑

radical *adj.*激进的，极端的；根本的

radio *n.*收音机；无线电报，无线电话 *v.*无线电通讯

rage *n.*愤怒

rail *n.*栏杆，围栏；(pl.)铁路；铁轨；横杆

railroad *n.*(=railway)铁路 *v.*由铁道运输

random *adj.*随机的，随意的 *n.*随机，随意

range *n.*范围，领域；（山）脉 *v.*排列成行

rank *n.*军衔，社会阶层；排 *v.*分等级，把……分类

rap *n.*叩击，轻拍，斥责 *v.*敲，拍，打

rapid *adj.*快，急速的 *n.*(pl.)急流，湍滩

rare *adj.*稀有的，难得的，珍奇的；稀薄的，稀疏的

rarely *adv.*很少，难得

rat *n.*鼠

rational *adj.*理性的，合理的

ray *n.*光线，射线

reach *v.*抵达；(out)伸手，够到 *n.*能达

到的范围

react *v.*反应，起作用；(against)反对，起反作用

reader *n.*读者；读本，读物；（英国的）大学讲师

readily *adv.*容易地；乐意地，欣然地

reading *n.*读书，读物，（仪表等的）读数，阅读

ready *adj.*(for)准备好的，现成的；甘心的

real *adj.*真的，真实的；实际的，现实的

realise *v.*(=realize)认识到，体会到；实现

realistic *adj.*现实（主义）的

reality *n.*现实，实际；真实

really *adv.*确实，实在，真正地，果然

rear *n.*后面，背后，后方 *v.*饲养，抚养，栽培

reasonable *adj.*合理的，有道理的；通情达理的

recall *v.*回忆，回想

receive *v.*收到，接到；遭受，受到；接待，接见

recite *v.*背诵，朗诵

recognition *n.*认出，辨认

recognize *v.*(recognise)认出，公认

recommend *v.*推荐，介绍；劝告，建议

recover *v.*收回；(from)恢复，痊愈

recovery *n.*痊愈，复原；重获，恢复

recruit *v.*征募（新兵），吸收；补充 *n.*新成员，新兵

reduction *n.*减小，减少，缩小

refer *v.*参考，查询；提到，引用，涉及

reference *n.*提及，涉及；参考，参考书目；证明书（人）

reflect *v.*反射，反映，反省，沉思

reform *v./n.*改革，改造，改良

refresh *v.*（使）精神振作，（使）精力恢复

refuse *v.*拒绝，谢绝

regard *v.*(as)把……看作；考虑 *n.(pl.)*敬重，问候

regarding *prep.*关于，有关

regardless *adj./adv.*不管……的，不顾……的

region *n.*地区，地带，行政区，（科学等）领域

register *n./v.*登记，注册 *v.*（仪表等）指示，（邮件）挂号

regret *v./n.*遗憾，懊悔

regular *adj.*有规律的；整齐的，匀称的

regulate *v.*管制，控制；调节，校准；调整

regulation *n.*规则，规章；调节，校准；调整

reinforce *v.*增援，加强

reject *v.*拒绝，抵制，丢弃，排斥，退掉

relate *v.*叙述，讲述；使互相关联

relation *n.*关系，联系，亲属，亲戚

relationship *n.*关系，联系

relative *adj.*相对的，比较的，有关系的 *n.*亲戚

relax *v.*（使）松弛，放松

release *v.*释放，解放；发表，发行 *n.*释放，豁免

relevant *adj.*有关的，相应的，实质性的

reliable *adj.*可靠的，可信赖的，确实的

reliance *n.*信任，信心，依靠，依靠的人或物

relief *n.*（痛苦等）减轻，解除；援救，救济

relieve v.减轻，解除，援救，救济

religion n.宗教，信仰

religious adj.宗教的，信教的，虔诚的

reluctant adj.不愿的，勉强的

rely v.(on)依赖，依靠；信赖，信任

remark n.(about, on)评语，意见 v.(on)评论

remarkable adj.值得注意的；显著的，异常的，非凡的

remember v.记住；(to)转达问候，代……致意，代……问好

remind v.(of)提醒，使想起

remote adj.远的，遥远的，疏远的，偏僻的

remove v.移动，脱掉，调动，免职

renaissance n.[the R-]文艺复兴（时期）；新生，复兴

render v.使得，致使；提出，提供，呈报

renew v.（使）更新，恢复，重新开始

rent v.租，租赁 n.租金

repeat v.重复，重说，重做 n.重复

replace vt.取代，替换，代替，把……放回原处

reply v./n.(to)回答，答复，以……作答

reporter n.报告人，通信员；记者，报道者

represent v.描述，表示；代表，代理；阐明，说明

representative n.代表，代理人 adj.(of)典型的，有代表性的

reproduce v.生殖；翻版；繁殖；复制，仿造

republican adj.共和的

reputation n.名誉，名声，声望

request v./n.请求，要求

requirement n.(for)需要，需要的东西，要求

rescue v./n.营救，援救

resemble v.像，类似

resident n.居民，常住者 adj.居住的

resistance n.(to)抵抗，反抗；抵抗力，阻力；电阻

resistant adj.(to)抵抗的，有抵抗力的

resolve v.决心；（使）分解，溶解；决议 n.解决；决心

resort v.凭借，求助 n.度假胜地，常去之处，手段

respective adj.各自的，各个的

respond v.回答，响应，作出反应

response n.回答，响应，反应

responsibility n.责任，责任心；职责，任务

responsible adj.(for, to)应负责的；可靠的；责任重大的

rest n.休息；剩余部分 v.休息；睡；放，靠，搁

restaurant n.餐馆，饭店

restore v.恢复；使复原；归还，交还；修复，重建

restraint n.抑制，制止

restrict v.限制，约束

retail n.零售

retire v.退休，引退；退却，撤退；就寝

retreat v.撤退，退却

reveal v.展现，显示，揭示，揭露，告诉，泄露

revelation n.揭示，揭露，显示，启示，新发现，被揭露的事

revenue n.财政收入，税收

review v.回顾，复习 n.回顾，复习；评论

revise v.修订，校订；修正，修改

revive *v.*恢复；（使）复苏

revolution *n.*革命；旋转，转数

revolve *v.*（使）旋转；考虑；[天]公转，循环

reward *n.*(for)报酬，赏金 *v.*(for)酬劳；酬谢

rich *adj.*富的，有钱的；富饶的；(in)充足的，丰富的

ring *n.*戒指；环；铃声；（打）电话 *v.*按（铃），敲（钟）

rise *v.*升起；起立；上涨；起义 *n.*上涨，增高；起源

risk *v.*冒……的危险 *n.*冒险；风险

rival *n.*竞争者，对手 *v.*竞争，对抗 *adj.*竞争的

river *n.*河流

road *n.*路，道路，途径

roast *v.*烤，炙，烘

robot *n.*机器人，自动机械

rock *n.*岩石，石块 *v.*摇，摇动

rocket *n.*火箭

room *n.*房间，室，空间，地方；余地

root *n.*根，根部；根本，根源 *v.*（使）生根，（使）扎根

rotate *v.*（使）旋转

rough *adj.*粗糙的；粗略的，大致的；粗野的，粗暴的

round *adj.*圆的 *prep.*围绕 *adv.*在周围 *v.*绕行 *n.*回合

route *n.*路线，路程

routine *n.*例行公事，常规 *adj.*常规的，例行的

row *n.*（一）排，（一）行；吵嚷 *v.*划（船等），荡桨

royal *adj.*王室的，皇家的；第一流的，高贵的

rude *adj.*粗鲁的；猛烈的，残暴的；粗糙的，粗陋的

ruin *v.*毁灭；（使）破产 *n.*毁灭，崩溃；(*pl.*)废墟

rural *adj.*乡下的，田园的，乡村风味的

rush *v.*（使）冲；奔 *n.*冲，急速行进 *adj.*（交通）繁忙的

sad *adj.*悲哀的，忧愁的

safe *adj.*安全的，牢靠的；谨慎的，可靠的 *n.*保险箱

safety *n.*安全，保险；安全设备，保险装置

sake *n.*缘故，理由

salary *n.*薪金，薪水

sale *n.*出售，上市；贱卖，廉价出售；销售额

satellite *n.*卫星，人造卫星；附属物

satisfaction *n.*满足，满意，乐事，愉快

satisfy *v.*满意，使满意，使相信，说服

saturate *vt.*使湿透，浸透；使充满，使饱和

save *v.*救，拯救；储蓄，贮存；节省

saving *n.*挽救，救助，节约，储蓄；(*pl.*)储蓄金，存款

scale *n.*刻度；天平，磅秤；比例尺；规模；音阶；鱼鳞

scan *v.*细看，审视；浏览；扫描 *n.*扫描

scare *n.*惊恐，恐慌 *v.*惊吓，受惊

scatter *v.*散开，驱散；散布，散播

scene *n.*景色，景象，舞台；（戏）一场

scholar *n.*学者

score *n.*得分，分数；二十 *v.*得（分），记（……的）分数

screen *n.*屏幕，屏风；帘 *v.*掩蔽，包庇；筛选

scrutiny *n.*周密的调查；仔细看；监视；选票复查

sea *n.*海，海洋，大量

search *v./n.*(for)搜索，寻找，探查

seat *n.*座位，底座；所在地，场所 *v.*使坐下

second *adj.*第二；次等的，二等的 *n.*秒 *v.*赞成，附和

secret *adj.*秘密的，机密的 *n.*秘密

secretary *n.*秘书，书记；部长，大臣

sector *n.*部门，部分；防御地段，防区；扇形

secure *adj.*(from, against)安全的，放心的 *v.*得到；防护

security *n.*安全（感），防御（物），保证（人），(*pl.*)证券

seed *n.*种子 *v.*播种；结实，结籽

seek *v.*(after, for)寻找，探索；试图，企图

segment *n.*段，片，节，部分

select *v.*选择，挑选 *adj.*精选的，选择的

selection *n.*选择，挑选；选集，精选物

sell *v.*卖，出售

senate *n.*参议院，上院

senator *n.*参议员

send *v.*(sent, sent)打发；派遣；送；寄出

senior *adj.*年长的；地位较高的 *n.*（大学）四年级学生

sensible *adj.*明智的，达理的；可觉察的，明显的

sensitive *adj.*(to)敏感的，易受伤害的；灵敏的

sentence *n.*句子；判决，宣判 *v.*宣判，判决

sentiment *n.*感情，柔情；看法；感觉

separate *adj.*(from)分离的，分开的

sequence *n.*先后，次序；连续，数列

series *n.*一系列，连续；丛书

serious *adj.*严肃的；主要的；严重的，危急的；认真的

servant *n.*仆人

serve *v.*服务，尽责；招待，侍候；符合，适用

setback *n.*挫折；失效；复发；倒退

setting *n.*安置；落山；（固定东西的）柜架底座；环境

settle *v.*安定，安顿；停息；定居；解决，调停

settlement *n.*解决，决定，调停；居留区，住宅区

seven *num.*七 *adj.*七（个，只……）

several *adj.*几个，若干，数个；各个的，各自的

severe *adj.*严厉的；剧烈的，严重的，严峻的，艰难的

sex *n.*性别，性

shadow *n.*阴影，影子，荫；暗处，阴暗

shall *aux.v.*（我，我们）将要，会；必须，应该

shame *n.*羞耻，耻辱；可耻的人（或事物）*v.*使羞愧

shape *n.*形状，外形；情况，状态 *v.*成型，塑造

sharp *adj.*锋利的；轮廓分明的；急转的 *adv.*（指时刻）正

sheet *n.*被单；（一）张，（一）片，薄片；大片

shock *n.*震动；电击，触电，休克 *v.*（使）震动/震惊

shop *n.*商店，店铺；工厂，车间 *v.*买东西

shore *n.*海滨，湖滨

short *adj.*短的，矮的；(of)缺乏，不足

*n.(pl.)*短裤

shortage *n.*不足，缺少

shortly *adv.*立刻，不久；不耐烦地

shot *n.*开枪，射击；投篮；弹丸，炮弹，子弹

shoulder *n.*肩，肩部 *v.*肩负，承担

shut *v.*关，关闭

shuttle *n.*往返汽车/列车/飞机；穿梭 *v.*往返穿梭

sick *adj.*有病的，患病的；恶心的，想吐的

side *n.*旁边，侧面；坡，岸；一边/侧/方 *vi.*支持

sight *n.*视力；望见，瞥见；视域；眼界；情景，奇观

sign *n.*标记，招牌；征兆，迹象 *v.*签名（于），署名（于）

signal *n.*信号，暗号 *v.*发信号，用信号通知

significance *n.*意义，含义；重要性

significant *adj.*有意义的；重大的，重要的

silent *adj.*寂静，沉默的

similar *adj.*(to)相似的，类似的

simple *adj.*简单的；单纯的，直率的；迟钝的，头脑简单的

simplify *v.*简化，使单纯

simply *adv.*简单地；完全，简直；仅仅，只不过；朴素地

sing *v.*唱，演唱；鸡叫

single *adj.*单人的；单一的，单个的；未婚的，独身的

sir *n.*先生，长官；[S -用于姓名前]······爵士

sit *vi.*坐，坐下；位于；栖息 *vt.*使就座

site *n.*位置，场所，地点

situation *n.*形势，处境，状况；位置，场所；职位，职务

six *num.*六 *adj.*六（个，只······）

size *n.*大小，尺寸，规模；尺码

skeptical *adj.*怀疑的 [英]sceptical

sketch *n.*素描；略图，草图；梗概 *v.*绘略图，速写，写生

skilled *adj.*(in)熟练的，有技能的；需要技能的

slack *adj.*懈怠的，松弛的；萧条的 *n.*淡季；(pl.)便裤

slave *n.*奴隶，苦工 *v.*做苦工，拼命地干

sleep *v.*(slept, slept)睡 *n.*睡眠

slight *adj.*轻微的，微小的；纤细的，瘦弱的

slip *v.*滑，滑倒；滑掉；溜走 *n.*疏忽，小错，口误，笔误

slogan *n.*标语，口号

slow *adj.*慢的，不活跃的 *v.*(down)（使）放慢，减速

smart *adj.*漂亮的；聪明的；巧妙的 *v.*剧痛，刺疼

smell *n.*气味；嗅觉 *v.*嗅，闻到；散发（······的）气味

smile *n.*微笑，笑容 *vi.*微笑，露出笑容

smoke *n.*烟，烟尘；吸烟，抽烟 *v.*抽（烟）；冒烟，冒气

smooth *adj.*光滑的；顺利的；柔和的

snow *n.*雪，下雪 *vi.*下雪；如雪一般地落下

soccer *n.*足球

sociology *n.*社会学

software *n.*软件

soil *n.*泥土，土地，土壤 *v.*弄脏，（使）变脏

solar *adj.*太阳的，日光的

sole *adj.*单独的，唯一的 *n.*脚垫，鞋底

solid *adj.*固体的；结实的，稳固的，可靠的 *n.*固体

solution *n.*解答，解决办法；溶解，溶液

solve *v.*解决，解答

somebody *pron.*某人，有人 *n.*重要人物

somehow *adv.*以某种方式，用某种方法；不知怎么地

someone *pron.*(=somebody)某人

something *pron.*某事，某物；被视为有意义的事物

sometimes *adv.*不时，有时，间或

somewhat *pron.&adv.*一点儿，几分

son *n.*儿子；孩子（长者对年青或年幼男子的称呼）

soon *adv.*不久，即刻；快，早

sort *n.*种类，类别 *v.*分类，整理

soul *n.*灵魂，心灵；精神，精力；人

sound *n.*声音 *v.*发声，响 *adj.*健全的，完好的；正当的

source *n.*源，源泉，来源，出处

south *n.*南，南方，南部 *adj.*南方的，南部的

southern *adj.*南方的，南部的

sovereign *adj.*独立的，有主权的 *n.*君主，国王，统治者

space *n.*间隔；空地，余地；空间 *v.*留间隔，隔开

span *n.*跨度，跨距

spark *n.*火花，火星 *v.*发火花，发电花

speak *v.*说话，讲话；演说，发言；(in)说某种语言

speaker *n.*说话者，发言者；说某种语言者；扬声器

special *adj.*特殊的，专门的

specialist *n.*专家

specialize *v.*(specialise)(in)专攻，专门研

究，专业化

species *n.*（物）种，种类

specific *adj.*明确的，具体的；特定的，特有的

specify *v.*指定，详细说明

speculate *vi.*思索；推测 *vt.*投机；思索，推测

speech *n.*演说，讲话；言语，语言

speed *n.*速度，快 *v.*迅速，前进，急行；加速，使加速

spell *v.*拼写

spelling *n.*拼法，拼写法

spend *v.*花费；消耗，用尽；度过，消磨

split *v.*裂开，劈开；分裂，分离 *n.*分化，分裂，裂口

sponsor *n.*发起人，主力者，保证人 *v.*发起，主办

sport *n.*（体育）运动 *(pl.)*运动会 *vi.*玩耍

spot *n.*斑点；地点 *v.*认出，认清，发现；玷污，弄脏

spouse *n.*配偶（指夫或妻）

spread *v./n.*伸开，伸展；散布，传播

spring *n.*春；跳；泉，源泉；弹簧，发条 *v.*跳，跳跃

spy *n.*间谍 *v.*当间谍，刺探；察觉，发现

squeeze *v.*压榨，挤 *n.*榨取，勒索

stable *adj.*稳定的，安定的 *n.*马厩，马棚

stadium *n.*体育场

staff *n.*全体职工；杠，棒；参谋部 *v.*配备工作人员

stage *n.*舞台，戏剧；阶段，时期

stake *n.*桩，标桩；赌注；利害关系

stand *vi.*站立；位于；经受 *n.*台，座；

货摊；立场

star *n.*星；恒星；明星 *v.*用星号标出；扮演主角

statement *n.*声明，陈述

station *n.*车站；所，站，局；身份，地位 *v.*安置，驻扎

statistical *adj.*统计的，统计学的

statistics *n.*统计学；统计数字

status *n.*地位，身份；情形，状况

statute *n.*成文法，法令，法规；章程，规则，条例

stay *vi.*逗留；保持 *vt.*停止，延缓 *n.*逗留，停留

steady *adj.*稳定的，不变的；坚定的 *v.*（使）稳固/稳定

steal *v.*偷，窃取；偷偷地做，巧取

steel *n.*钢

step *n.*步；台阶，梯级；步骤，措施 *v.*踏，走，举步

stick *n.*棍，棒，手杖 *v.*刺，戳，扎；粘贴

stimulate *v.*刺激，使兴奋；激励，鼓舞

stock *n.*备料，库存，现货；股票，公债 *v.*储存

stop *v.*停止；塞住；阻止，阻挠；逗留 *n.*停车站；停止

storage *n.*贮藏（量），保管；库房

store *n.*商店，店铺；贮藏，贮备品 *v.*贮藏，贮存

straight *adj.*直的；整齐的，端正的 *adv.*直接；正直，直率

strain *v.*拉紧；紧张；扭伤；竭尽全力 *n.*拉紧；负担

strange *adj.*奇怪的，奇异的；陌生的，生疏的；外地的

stranger *n.*陌生人，生客；外地人，外国人

strategy *n.*战略，策略；对策，政策

stream *n.*小河，溪流；流，一股，一串 *v.*流出，涌

street *n.*街，街道；行车道

strength *n.*力量；实力；长处，优点；人力

strengthen *v.*加强，巩固

stress *n.*压力；重要性；应力；重音 *vt.*强调，重读

strive *v.*奋斗，努力

structure *n.*结构，构造；建筑物 *v.*构造，建造

struggle *n./v.*斗争，奋斗，努力

style *n.*风格，文体；式样，时式，类型

subscribe *vi.*(to)订阅，订购；同意 *vt.*捐助，赞助

subsequent *adj.*随后的，后来的

subsidy *n.*补助金；津贴费

substance *n.*物质；实质，本质；主旨；财产，资产

substantial *adj.*实质的；坚固的；富裕的

substitute *n.*代替者；替身；代用品 *v.*(for)代替，替换

succeed *vi.*成功；继承，接替 *vt.*接替；继……之后

successful *adj.*圆满的；顺利的；成功的

sudden *adj.*出乎意料的，突然的

suffer *v.*(from)受痛苦，患病；受损失；遭受；忍受

suicide *n.*自杀；给自己带来恶劣后果的行为

suit *v.*合适，适合；相配，适应 *n.*一套西服；诉讼

suitable *adj.*(for)合适的，适宜的

summer *n.*夏天，夏季 *adj.*夏季的

sun *n.*太阳；恒星；美国Sun公司

Sunday *n.*星期日

superficial *adj.*表面的；肤浅的，浅薄的

superfluous *adj.*多余的，过剩的

superior *adj.*优良的，卓越的；上级的 *n.*上级；长者；高手

supervise *v.*管理，监督

supplement *n.*补遗；增刊；附录 *v.*增刊，补充

supply *v.*(with, to)供给，供应，补足 *n.*供应，供应量

suppose *v.*料想，猜想；假定 *conj.*假使……结果会怎样

suppress *v.*镇压，压制；抑制，忍住；查禁

supreme *adj.*极度的，最重要的；至高的，最高的

sure *adj.*肯定的；一定会……的；有信心的，有把握的

surface *n.*表面；外表 *adj.*表面的，肤浅的

surname *n.*姓

surpass *vt.*超过，胜过

surplus *n.*过剩，剩余；余款，余额 *adj.*过剩的，剩余的

surprise *v.*使诧异，使惊异；奇袭 *n.*诧异，惊异；奇袭

surround *vt.*包围，环绕 *n.*环绕物

surroundings *n.*周围的事物，环境

survey *v./n.*审视，调查；

survival *n.*幸存，生存；幸存者，残存物

survive *v.*幸免于，幸存；比……长命

suspect *v.*猜想；怀疑；察觉 *adj.*可疑的 *n.*嫌疑犯

suspend *v.*悬（浮），挂；暂停，取消；推迟

suspicious *adj.*(of)可疑的，多疑的，疑心的

sustain *vt.*支撑，撑住；维持，持续，经受，忍耐

switch *n.*开关；转换；鞭子 *v.*转变，转换；抽打

sympathy *n.*同情，同情心；赞同，同感；慰问

symptom *n.*（疾病的）症状；（不好事情的）征兆，表征

systematic *adj.*(=systematical)系统的，有组织的

table *n.*桌子；餐桌；工作台；表格 *vt.*搁置；提交讨论

talent *n.*才能，天资；人才

talk *n.*谈话；聊天；讲话；演讲 *v.*说话；交谈

tap *n.*塞子；水龙头轻打（声）*v.*轻打，轻敲；开发

target *n.*目标，对象，靶子

task *n.*任务，作业，工作

taste *v.*品尝；(of)有……味道；体验 *n.*滋味；味觉

taxi *n.*出租汽车 *v.*[指飞机]（使）滑行

teach *vt.*教，讲授；教导（训）*vi.*讲课，当教师

teacher *n.*教师（员），老（导）师

team *n.*小队，小组 *v.*协同工作

tear *n.*(pl.)眼泪 *vt.*撕裂；使……分裂 *vi.*破裂

technical *adj.*技术（性）的，工艺的；专门性的，专业性的

technique *n.*技巧，手艺，技能；技术，工艺

teenager *n.*十几岁的青少年

telephone *n.*电话，电话机 *v.*打电话

telescope *n.*望远镜 *v.*缩短，压缩

tell *vt.*告诉，讲述；告诫；吩咐，命令；辨/区别

temper *n.*脾气；韧度 *vt.*调和，使缓和；使回火

temperature *n.*温度，体温；热度，发烧

temporary *adj.*暂时的，临时的

tempt *v.*诱惑，引诱；吸引，使感兴趣

ten *num.*十 *adj.*十（个，只……）

tend *v.*趋向，往往是；照料，看护

tendency *n.*趋势，趋向；倾向

tension *n.*（紧张）状态；拉（绷）紧；张力，拉力

terrible *adj.*很糟的；可怕的，骇人的；极度的，厉害的

territory *n.*领土；版图；领域，范围

text *n.*正文，文本；原文；教科书

thank *vt.*感谢 *int.*(-s)谢谢 *n.*(pl.)感谢，谢意

theater *n.*(theatre)戏院；戏剧

theme *n.*题目，主题；主旋律，基调

thereby *adv.*因此，从而

therefore *adv.*因此，所以 *conj.*因此

thesis *n.*(pl. theses) 论文；论题；论点

thin *adj.*薄的，细的；稀薄的，淡的；瘦的 *v.*变薄；变稀

third *num.*第三（个），三分之一（的）

thousand *num./n./adj.*一千；(pl.)许许多多，成千上万

threat *n.*恐吓，威胁；坏兆头，危险迹象

threaten *v.*恐吓，威胁；有……危险，快要来临

thrive *v.*兴旺，繁荣

throughout *prep.*遍及，贯穿 *adv.*到处，自始至终，彻底

ticket *n.*票，入场券；票签；（交通违章）罚款传票

tide *n.*潮，潮汐；潮流，趋势

tie *n.*领带；联系，关系，纽带；束缚 *v.*扎，系，捆

till *prep.*直到，直到……为止，与until意思相同

timely *adj.*及时的，适时的

tip *n.*尖端，末端；小费 *n./v.*轻击；倾斜；给小费

tired *adj.*疲劳的；厌倦的

title *n.*书名，标题；头衔，称号

token *n.*表示；标志；记号；代用硬币 *adj.*象征性的

tolerance *n.*宽容；容忍，忍受；耐药力；公差

tolerate *vt.*容忍，默许；对（药物、毒品等）有耐力

tone *n.*音调，音色；风气，气氛；腔调，语气；色调

tool *n.*工具，用具；方法，手段

top *n.*顶，顶端；首位；顶点 *adj.*最高的；顶上的

total *n.*总数，合计 *adj.*总的，全部的 *v.*合计，总数达

touch *v.*触，碰，摸；感动；涉及 *n.*触动，碰到；少许

tough *adj.*坚韧的，棘手的；强健的，吃苦耐劳的；粗暴的

tourist *n.*旅游者，观光客；巡回比赛的运动员

tower *n.*塔 *v.*高耸

town *n.*市镇；市民；城市商业区，闹市区

toxic *adj.*有毒的；中毒的

toy *n.*玩具 *vi.*(with)漫不经心地考虑；摆弄

trace *n.*痕迹，踪迹；极少量 *v.*描绘；跟踪，追踪

track *n.*跑道，小路；轨迹，轮迹 *v.*跟踪，追踪

tractor *n.*拖拉机，牵引车

trade *n.*贸易，商业；职业，行业 *v.*经商，交易

tradition *n.*传统；惯例；传说

traffic *n.*交通，交通量

tragedy *n.*悲剧；惨事，灾难

trail *n.*踪迹，痕迹；小路 *v.*追踪，跟踪；拖，拖曳

training *n.*训练，培养

trait *n.*特征，特点，特性

transaction *n.*办理，处理；交易，事务；(*pl.*)会报，学报

transfer *vt./n.*转移；转换；转让；过户；迁移；改乘

transform *vt.*改变，变换；变压；转化；改造

transient *adj.*短暂的，转瞬即逝的；临时的，暂住的

transition *n.*转变，变迁，过渡（时期）

translate *v.*翻译，解释；转化

transmit *vt.*传输/导；转送；发射 *vi.*发射信号；发报

transparent *adj.*透明的，透光的；易理解的；明显的

transport *v.*运输，运送，搬运 *n.*运输；运输系统，运载工具

trap *n.*陷阱，圈套 *vt.*诱捕；使中圈套 *vi.*设圈套

travel *n.*旅行 *v.*旅行；行进，传播

treasure *n.*财宝，财富；珍品 *v.*珍爱，珍惜

treat *v.*对待；治疗；论述；款待，请客 *n.*款待，请客

tree *n.*树，树状物 *vi.*爬上树

trend *n.*倾向，趋势 *vi.*伸向，倾向

trial *n.*讯问，审讯；试验；试用；尝试

trick *n.*诡计，骗局；恶作剧；窍门 *vt.*欺骗，哄骗

trigger *n.*扳机 *vt.*触发，引起

trip *n.*旅行，远足 *v.*绊倒；失足；犯错

triumph *n.*胜利，成功 *v.*得胜，战胜

trouble *n.*烦恼；动乱；疾病；故障；辛苦 *v.*（使）烦恼

truth *n.*真实，真相；真实性；真理

try *v.*尝试，试图；试验，试用；审讯 *n.*尝试

tube *n.*管，软管；电子管，显像管；地铁

tuition *n.*学费；（某一学科的）教学，讲授，指导

tune *n.*调子，曲调 *vt.*调音，调节，调整

TV *n.*(television)电视；电视机

twelve *num.*十二 *adj.*十二（个，只……）

twenty *num.*二十 *adj.*二十（个，只……）

twice *adv.*两次，两倍

twin *adj.*双的，成对的，孪生的 *n.*孪生子，双生子

type *n.*型式，类型；印刷字体；活/铅字 *v.*打字

typical *adj.*(of)典型的，有代表性的

ultimate *adj.*最后的，最终的；根本的

under *prep.*在……下面；在……以下 *adv.*在下面；少于

underestimate *vt.*低估，看轻

undergo *vt.*遭受，经历，承受

undergraduate *n.*大学生，大学肆业生

underground *adj.*地下的；秘密的 *n.*地铁 *adv.*在地下

underline *vt.*在……下画线；强调

understanding *n.*理解，理解力；谅解 *adj.*了解的，通情达理的

unemployment *n.*失业，失业人数

unexpected *adj.*想不到的，意外的，未预料到

unfortunately *adv.*不幸地

uniform *n.*制服，军服 *adj.*相同的，一律的

union *n.*联合，团结；联盟，联邦；协会，社团；和谐

unique *adj.*唯一的，独一无二的

unite *vi.*联合，团结；统一，合并 *vt.*使联合

universal *adj.*普遍的，全体的全世界的；通用的

universe *n.*宇宙，万物

unless *conj.*除非 *prep.*除……外

unlike *adj.*不同的，不相似的 *prep.*不像，和……不同

unlikely *adj.*未必的，靠不住的

unusual *adj.*不平常的，与众不同的

upgrade *v.*提升，使升级

upon *prep.*在……上

urban *adj.*城市的，市内的

urgent *adj.*急迫的，紧要的，紧急的

useful *adj.*有用的，实用的；有益的，有帮助的

usual *adj.*通常的，平常的

usually *adv.*通常，平常

utilize *vt.*利用

vague *adj.*不明确的；含糊的

vain *adj.*徒劳的，徒然的；自负的，爱虚荣的

valid *adj.*有效的；有根据的；正当的

valley *n.*（山）谷；流域

valuable *adj.*贵重的，有价值的 *n.(pl.)*贵重物品，财宝

vanish *vi.*突然不见；消失

vapour *n.(=vapor)*汽，（水）蒸气

variable *adj.*易变的；可变的；变量的 *n.*变量

variation *n.*变化，变动；变种，变异

variety *n.*种种，多种多样；种类，品种

vary *vt.*改变，变化；使多样化

vast *adj.*巨大的；辽阔的；大量的

vegetable *n.*蔬菜，植物 *adj.*植物的，蔬菜的

vehicle *n.*车辆，交通工具；媒介，载体

venture *v.*冒险，拼；大胆表示 *n.*冒险事业，拼，闯

verbal *adj.*用言辞的，用文字的；口头的；动词的

verdict *n.*（陪审团的）裁决，判决；判断；定论

verify *vt.*证实，查证；证明

version *n.*版本；译本，译文；说法

via *prep.*经；通过；凭借

victim *n.*牺牲品，受害者

victory *n.*胜利

village *n.*村，村庄

violate *vt.*违背；冒犯；妨碍；侵犯；亵渎（圣物）

violence *n.*猛烈，强烈；暴力，暴行

virtual *adj.*实际上的，事实上的

virtue *n.*德行，美德；贞操；优点；功效，效力

visible *adj.*看得见的；明显的，显著的

vision *n.*视力，视觉；远见，洞察力；幻想，幻影；想象力

visit *n.*访问，参观 *v.*访问，参观；视

察；降临；闲谈

visitor *n.*访问者，客人，来宾，参观者

visual *adj.*栩栩如生的；视觉的

vitamin *n.*维生素

vivid *adj.*鲜艳的；生动的，栩栩如生的

vocabulary *n.*词汇，词汇量；词汇表

voice *n.*声音；嗓音；发音能力；意见，发言权；语态

volcano *n.*火山

voluntary *adj.*自愿的，志愿的

volunteer *n./v.*志愿（者，兵）；自愿（提供）

vote *n.*投票，表决；选票，选票数 *v.*投票，表决

voyage *n.*航海；航行；旅行

vulnerable *adj.*易受攻击的

wage *n.*（常*pl.*)工资，报酬 *vt.*进行，开展

wait *v.*(for)等待；(on)侍候 *n.*等候，等待时间

wake *v.*醒来，唤醒；使觉醒，激发，引起

walk *v.*走，步行，散步；走遍 *n.*走，步行，散步

wall *n.*墙，壁，围墙 *vt.*筑墙围住，用墙隔开

war *n.*战争（状态）；冲突 *vi.*作战

warm *adj.*温暖的，热心的，热情的 *v.*（使）变暖

warn *vt.*警告 *vi.*发出警告

warrant *n.*正当理由；许可证，委任状 *v.*保证，担保

wash *n.*洗；洗的衣物 *vt.*冲刷，洗；冲出 *vi.*洗澡

waste *v.*浪费 *adj.*无用的；荒芜的 *n.*浪费；废物

water *n.*水 *vt.*浇灌；给……饮水 *vi.*流

泪，加水

wave *n.*波浪；（挥手）示意；飘扬 *v.*（挥手）示意，致意

weak *adj.*虚弱的，软弱的；不够标准的；淡薄的，稀的

wealth *n.*财富，财产；大量

wealthy *adj.*富有的，丰裕的，充分的 *n.*富人，有钱人

wear *v.*穿着，戴着；磨损，用旧 *n.*穿，戴；磨损

weather *n.*天气，气象

web *n.*网，蜘蛛网

weekly *adj.*每星期的，一周的 *adv.*每周一次 *n.*周刊，周报

weigh *v.*称……重量，称；重达；考虑，权衡

weight *n.*重量；负荷，重担；重要性，分量；砝码，秤砣

welcome *int.*欢迎 *adj.*受欢迎的 *vt./n.*欢迎；迎接

west *n./adj.*西，西方（的），西部（的）*adv.*向西

western *adj.*西方的，西部的

whatever *pron.*无论什么 *adj.*无论什么样的

wheel *n.*轮，车轮

whenever *conj.*无论何时，随时；每当

whereas *conj.*而，却，反之

wherever *conj.*无论在哪里 *adv.*无论在哪里，究竟在哪里

white *adj.*白色的；苍白的；白种的 *n.*白色；白种人

whole *n.*全部 *adj.*全体的；全部的；完整的；无缺的

wholly *adv.*完全地，全部，一概

whom *pron.*谁；哪个人（who的宾格）

wide *adj.*宽阔的；睁大的；远离目标的

*adv.*广阔地

widespread *adj.*分布广泛的，普遍的

wild *adj.*野性的，野生的；野蛮的；狂热的；荒芜的

willing *adj.*愿意的，乐意的，心甘情愿的

win *vi.*获胜，赢 *vt.*赢得；在……中获胜 *n.*胜利

wind *n.*风；气息 *v.*转动；缠绕；上发条；蜿蜒而行

window *n.*窗，窗口

wing *n.*翅，翅膀；翼，机翼；派别 *vt.*装以翼

winter *n.*冬季，冬天

wisdom *n.*智慧；明智

wise *adj.*有智慧的，聪明的

wish *v.*希望；但愿；祝 *n.*愿望，希望；(*pl.*)祝愿

withdraw *v.*收回，撤销；缩回，退出；提取（钱）

witness *n.*目击者，证人；证据 *v.*目击，目睹；作证

wonder *n.*惊奇，惊异；奇迹，奇事

v.(at)诧异；想知道

wood *n.*木材，木头，木料；(*pl.*)森林，林地

worldwide *adj.*全世界的，世界范围的 *adv.*遍及全世界

worry *v.*烦恼；(about)对……感到烦恼 *n.*烦恼，焦虑

worse *adj./adv.*更坏，更差（的/地）

worst *adj./adv.*最坏（的），最差（的）

worth *n.*价值 *adj.*值……的，价值……的，值得……的

worthwhile *adj.*值得（做）的

writing *n.*写，写作；著作，作品

wrong *adj.*错的 *adv.*错误地，不正确地 *n.*错误 *v.*委屈

yes *adv.*是[用于肯定句前]，是的

yield *v.*出产；(to)屈服，服从 *n.*产量，收获

youngster *n.*小伙子，年轻人；少年，儿童

yourself *pron.*[反身代词]你自己；你亲自

youth *n.*青年；年轻人

2023 年考研英语大纲新增词汇

ascribe [ə'skraɪb] v. 把……归因于

benevolent [bə'nevələnt] adj. 仁慈的；慈善的

broker ['brəʊkə(r)] n. 经纪人

buffer ['bʌfə(r)] n. 缓冲物 v. 缓解；缓冲

choir ['kwaɪə(r)] n. 合唱团

chunk [tʃʌŋk] n. 大块；大量

custody ['kʌstədi] n. 监护；监护权；拘留

decree [dɪ'kriː] n. 法令；判决 v. 裁定

discharge [dɪs'tʃɑːdʒ] v. 解雇；释放；履行 n. 排出；免职；履行

eradicate [ɪ'rædɪkeɪt] v. 根除；消灭

hybrid ['haɪbrɪd] n. 杂交；混血，混合物

landscape ['lændskeɪp] n. 风景；景色 v. 美化……环境

pottery ['pɒtəri] n. 陶器；陶艺

predator ['predətə(r)] n. 捕食性动物；掠夺者

strand [strænd] n. 股；部分 v. 滞留；搁浅